ジブリアニメで哲学する

世界の見方が変わるヒント

小川仁志

PHP文庫

○本表紙図柄＝ロゼッタ・ストーン（大英博物館蔵）
○本表紙デザイン＋紋章＝上田晃郷

はじめに——なぜジブリアニメで哲学するといいのか？

ジブリアニメは国民的人気があります。いや、世界的に人気があるといってもいいでしょう。しかも子どもだけではなく、大人まで楽しめるのが特徴です。なぜならそれは、人間にとって重要な深いテーマを描いているからです。

特に宮崎駿《みやざきはやお》監督の作品には、哲学的と呼ぶにふさわしい深いメッセージが込められています。それは宮崎監督自身が、入り口も出口も同じように敷居の低いディズニー映画と比較して、自分の作品は出口の敷居を高くしていると表現されている通りです。

つまり、一見アニメなので敷居が低いように見えるけれども、内容が深いために、簡単にはすべてを理解できないし、後から考えさせられるということです。

このことは、宮崎アニメを観たことがある人ならすぐに納得できるでしょう。

私はこれまで、いわゆる歴史上の哲学者が書いたものを対象に研究をしたり、本を書いたりしてきたのですが、最近は宮崎アニメを哲学の研究対象として扱うようになりました。そして、これまですでにヨーロッパやアメリカでそのことについて発表してきました。

宮崎アニメを哲学するというのは、従来の哲学の学会ではあり得ないことでした。日本学研究やアニメ研究としてはもちろん人気のテーマですが、それはまた別の話です。ところが実際に発表してみると、幸いにも多くの研究者や学生たちから賛同を得ることができたのです。

少しその内容を紹介しておきたいと思います。私の主張は大きく分けて二点です。

まず一点目は、宮崎駿は一般には哲学者とはみなされていないけれども、その作品の内容の奥深さからすると、歴史上の哲学者たちに勝るとも劣らない深い思索をしているということ。

二点目は、ただしそれは、本をテキストとする伝統的な哲学に対して、「アニメ哲学」ともいうべき思考の新しい表現方法であるということです。

哲学であるためには、何がなんでも本を書く必要があるというわけではありません。そもそも哲学の父ソクラテスは、1冊の本も残していません。大事なのは思考、そしてそれを言葉で表現することです。

その意味では、宮崎監督は深く思索し、その成果をアニメという形で表現している哲学者といっても過言ではないのです。その思索の成果が、登場人物たちの言葉で語られるのです。いや、正確にいうと、アニメですから必ずしもすべてが言葉で語られるというわけではありません。

そこが二点目のアニメ哲学に関係してきます。アニメ哲学というのは耳慣れない言葉だと思います。おそらく私の造語です。少なくとも今から定義する意味でのアニメ哲学は、私のオリジナルであるといっていいでしょう。

アニメは本と違って、文字ではなく動画で表現されます。動画は本を読むのと異なり、自分のペースで読み進めていくことができません。映像が映し出されるがままについていくだけです。たとえば100分間のアニメ映画を観るときは、全員がそれを100分かけて、同じペースで観るのです。

このとき私たちは、やはり何かを考えながら鑑賞しています。そこは哲学書を読んで思考するのと同じなのですが、違うのは「自分のペースではない」という点です。そのため私たちは、理性よりも、どちらかというと感性を働かせて思考しているのです。

じっくりと頭で考えている暇がないので、一つひとつの場面で何かを「感じる」ことのほうが重要になります。これがアニメを観ながら思考するということの意味です。

その営《いとな》みは、哲学書を読んで理性で考えるというのとは異なります。でも、思考しているのはたしかです。そこで、その感性に重きをおいた新しい思考のあり方をアニメ哲学と名付けたのです。アニメ哲学は、作品と自分の感性をシンクロさせることによって、感じたままを言葉にする営みにほかなりません。

もちろん、アニメ以外の映画でも同様の効果は生じます。しかし、アニメというコンテンツはその性質上、実写に比べるとフィクションの度合いが強くなることから、想像の余地が大きくなります。その点で特殊性を持ちます。言い換えると、思考の幅が広くなるということです。

本書では『風の谷のナウシカ』から『風立ちぬ』まで、宮崎監督が脚本と監督を務めた長編アニメ10作品を取り上げ、そこに登場する主要な諸概念を哲学してみました。これらは、私が各々の作品を見ながら思考したことをメモとして書きとめ、それをまとめたものです。

先ほど説明した通り、伝統的な哲学と違い、じっくりと文章を読んで、時間をかけて考えたものではありません。感性を最大限鋭くしてその場で考えたことを、きちんと言葉で表現しただけです。もしこれらの文章が形式としては詩やエッセイに近く、それでいて哲学的思考のようなものを感じさせる要素をはらんでいるとしたら、私の試みは成功しているといえるでしょう。

正直、個人的にはうまくいったと感じていますが、最終的にはその成否は読者の皆さんに委《ゆだ》ねざるを得ません。

読者の皆さんも、ぜひこれらの作品を観ながら、アニメ哲学に挑戦してみてください。その際、今回の私の思考の成果が、少しでも皆さんの思考の参考になれば幸いです。

なお、各項目に「考えるためのヒント」をつけておきました。これは私がそのテーマについて哲学するにあたって、映画のどの部分に着目したかを示すものです。どこからアプローチすればいいのか、いわば思考の道筋を示すためのヒントだと思ってもらえばいいでしょう。それでは早速始めましょう！

ジブリアニメで哲学する　目次

はじめに――なぜジブリアニメで哲学するといいのか？　3

第1章　『風の谷のナウシカ』で哲学する

「風」とはなにか？　考えるためのヒント　なぜナウシカだけ飛行機を使わないのか？　18
「虫」とはなにか？　考えるためのヒント　ナウシカが王蟲を守ろうとした理由　22
「腐敗」とはなにか？　考えるためのヒント　腐海とはどのような存在か？　26
「谷」とはなにか？　考えるためのヒント　なぜ風の谷だけは平和なのか？　30
「自然」とはなにか？　考えるためのヒント　「大気が怒りに満ちている」とは、どういう意味か？　34

第2章　『天空の城ラピュタ』で哲学する

「石」とはなにか？　考えるためのヒント　「飛行石」とはなんだったのか？　40
「浮遊」とはなにか？　考えるためのヒント　なぜラピュタは天空にあったのか？　44

「呪文」とはなにか？　考えるためのヒント　なぜシータだけが滅びの呪文を知っていたのか？　48
「ロボット兵」とはなにか？　考えるためのヒント　「ロボット兵」はなぜ存在するのか？　52
「天空」とはなにか？　考えるためのヒント　なぜムスカの願いはかなわなかったのか？　56

第3章　『となりのトトロ』で哲学する

「森」とはなにか？　考えるためのヒント　トトロに会えるのはどんな人？　62
「となり」とはなにか？　考えるためのヒント　なぜトトロは、「前」でも「後ろ」でもなく「となり」にいたのか？　66
「傘」とはなにか？　考えるためのヒント　なぜトトロは傘が気に入ったのか？　70
「バス」とはなにか？　考えるためのヒント　ネコバスとはなんだったのか？　74
「姉妹」とはなにか？　考えるためのヒント　サツキとメイの喧嘩の意味　78

第4章 『魔女の宅急便』で哲学する

「魔女」とはなにか？ 考えるためのヒント キキが魔女修行をしなければならなかった訳 84
「宅配便」とはなにか？ 考えるためのヒント キキはなぜ、宅配便を仕事にしたのか？ 88
「知らない町」とはなにか？ 考えるためのヒント キキが両親に書いた手紙に隠された意味とは？ 92
「ラジオ」とはなにか？ 考えるためのヒント なぜキキの父親は、旅立つ娘にラジオを渡したのか？ 96
「親」とはなにか？ 考えるためのヒント キキの両親の子育てとは？ 100

第5章 『紅の豚』で哲学する

「豚」とはなにか？ 考えるためのヒント マルコが人間に戻れたのはなぜか？ 106
「イタリア」とはなにか？ 考えるためのヒント マルコとカーチスはなにが違うのか？ 110
「赤」とはなにか？ 考えるためのヒント マルコの飛行艇が赤い理由は？ 114
「恋」とはなにか？ 考えるためのヒント ジーナはマルコのどこに惹かれているのか？ 118

「勝負」とはなにか？ 考えるためのヒント マルコはなんのために戦うのか？ 122

第6章 『もののけ姫』で哲学する

「もののけ」とはなにか？ 考えるためのヒント 「生きろ。」に込められたメッセージとは？ 128
「水」とはなにか？ 考えるためのヒント シシ神が「生と死をつかさどる」といわれているゆえんは？ 132
「腕」とはなにか？ 考えるためのヒント アシタカが腕に呪いをかけられた理由 136
「鉄」とはなにか？ 考えるためのヒント 森とたたら場の関係は？ 140
「女性」とはなにか？ 考えるためのヒント なぜ『もののけ姫』では女性が優位なのか？ 144

第7章 『千と千尋の神隠し』で哲学する

「神」とはなにか？ 考えるためのヒント なぜ千尋は神隠しにあったのか？ 150
「忘却」とはなにか？ 考えるためのヒント 千尋がハクの本当の名前を思い出せた理由 154
「風呂」とはなにか？ 考えるためのヒント 舞台は風呂屋でなければならなかった？ 158

「欲望」とはなにか？ 考えるためのヒント なぜカオナシは千を欲しがったのか？ 162
「働く」とはなにか？ 考えるためのヒント 仕事を持たない者は動物にされてしまう理由 166

第8章 『ハウルの動く城』で哲学する
「城」とはなにか？ 考えるためのヒント 「動く城」はなんの象徴だったのか？ 172
「帽子」とはなにか？ 考えるためのヒント ソフィーがかぶっていた帽子に隠された意味 176
「動く」とはなにか？ 考えるためのヒント なぜソフィーは老婆に変えられたのか？ 180
「魔法」とはなにか？ 考えるためのヒント なぜハウルは落ちぶれてしまったのか？ 184
「流れ星」とはなにか？ 考えるためのヒント カルシファーは悪魔？ 流れ星？ 188

第9章 『崖の上のポニョ』で哲学する
「災害」とはなにか？ 考えるためのヒント なぜ津波が美しく描かれているのか？ 194

「海」とはなにか？ 考えるためのヒント グランマンマーレとはどんな存在なのか？ 198
「子ども」とはなにか？ 考えるためのヒント ポニョとの出逢いは宗介のなにを変えたのか？ 202
「初恋」とはなにか？ 考えるためのヒント 海に沈んだ町が美しく描かれている理由 206
「人魚」とはなにか？ 考えるためのヒント 『崖の上のポニョ』はハッピーエンドなのか？ 210

第10章 『風立ちぬ』で哲学する

「飛行機」とはなにか？ 考えるためのヒント 二郎が飛行機を愛した理由 216
「戦争」とはなにか？ 考えるためのヒント なぜ二郎は墜落する戦闘機の夢を見るのか？ 220
「タバコ」とはなにか？ 考えるためのヒント なぜ宮崎駿はあえてタバコのシーンを描いたのか？ 224
「夢」とはなにか？ 考えるためのヒント 二郎はなぜ、飛行機の設計士になれたのか？ 228
「死」とはなにか？ 考えるためのヒント 二郎と菜穂子の死への向き合い方 232
おわりに——何度でも書きたい本 236

Story『風の谷のナウシカ』

「火の7日間」と呼ばれる最終戦争によって、文明が崩壊した後、人々は腐海《ふかい》の森から発せられる有毒ガスに悩まされながら生きていた。その中で、風の吹き抜ける「風の谷」に住むナウシカたちだけが、その難を逃れている。

ナウシカは王蟲《オーム》をはじめ腐海に棲《す》む生き物たちとの共生を模索していたが、そこに森を焼き払おうとするトルメキア王国の軍隊が現れる。彼らは伝説の巨神兵《きょしんへい》をよみがえらせようとしていた。

他方、トルメキアと争っていたペジテ市の側は、王蟲の大群に、風の谷ともどもトルメキア軍を襲わせようとする。それを知ったナウシカは、体を張って王蟲の侵攻を食い止める。

人々の目には、その姿があたかも伝説の救世主《メシア》のように映った。

第1章
『風の谷のナウシカ』で哲学する

「風」とはなにか？

考えるためのヒント

なぜナウシカだけ飛行機を使わないのか？

風は宮崎駿の作品を象徴する存在の一つです。そもそも『風の谷のナウシカ』は、スタジオジブリ設立前の作品とはいえ、そこにつながる最初の本格的な長編アニメです。その作品で風がテーマとなっていることと、宮崎駿が引退を表明した際の作品である『風立ちぬ』でもまた風がテーマになっているのは、決して偶然ではないと思うのです。

はたして風とは何か？『風の谷のナウシカ』では、大きく分けて二つの意味があるように思います。

ナウシカの住む世界は、腐海から発する猛毒の胞子《ほうし》によって、もはやガスマスクなしには呼吸もできない状況に陥《おちい》っています。

ところが、風の谷だけは、風によってその毒から守られているのです。いわば風のおかげで人々が命を育むことができているわけです。風によって運ばれてくるきれいな空気が、胞子を吹き飛ばし、命を守っている。「命を運ぶ風」、これがこの作品における一つ目の風の意味です。

二つ目は、ナウシカがメーヴェによって風を乗りこなして、自在に空を飛びうるということです。まるで風使いのように、彼女は風を操《あやつ》り、風と一体となります。そうして思いのままに移動するのです。まさに、「自由を運ぶ風」といえるでしょう。

ほかの登場人物たちにはそれができません。皆エンジンのついた乗り物に乗って、風とはほぼ無関係に空を飛ぶのです。ここでいえるのは、ナウシカが特別な存在として描かれていることからもわかるように、エンジンで飛ぶより、風に乗るほうが優れているということです。

風はそれほど偉大な存在なのです。風は神話などで神にたとえられることもあります。風を操れるということは、神を操るのと同じなのです。ナウシカはこの作品の中でキリスト教の救世主のごとく描かれていますが、それは風という名の神を操ることができる存在だからかもしれません。

風がいかに制御できないものであるかは、現代の飛行機でさえも乱気流などの風によって飛行を妨げられることがある点を鑑《かんが》みれば明らかでしょう。その意味でエンジンには限界があるのです。

ですから、もし風を自在に操ることができれば、私たちは世界中をもっと自由に移動することができるに違いありません。そう、ここでは、風は自由を運ぶ存在として描かれているのです。空を飛ぶことができない人間に、自由を与える存在が風にほかなりません。人間にとって、エンジンなしに空を飛べるということは、特別な自由を与えられることを意味するのです。

実は、一つ目の「命を運ぶ風」と二つ目の「自由を運ぶ風」という二つの風の意味には、共通している要素があります。それは「運ぶ」という部分です。

風はただ吹いているように思いがちですが、本当は何かを運んでいるのです。風媒花《ふうばいか》という種類の花がありますが、あれは風によって花粉が飛ぶことで受粉し、花が咲くのです。

あるいは匂い。「東風《こち》吹かば匂いおこせよ梅の花」。菅原道真の有名な和歌ですが、これは道真が左遷《させん》された先で、風が吹くならせめて故郷の梅の匂いを届けてほしいと歌ったものです。匂いに限らず、風の温度や湿度で私たちは季節の変化や天候の変化を感じたりします。風の便りや風の噂などという表現もあります。

風には物事を運び伝える、いわば媒介する役割があるのです。この媒介こそが風の本質であるといっていいのではないでしょうか。能力に限りのある人間が、この地球上で様々な困難の中生きていく際、風は必要とするものと人間とをつないでくれるのです。その意味で、風は生きるために不可欠の媒介なのです。

ある一つの答え

「風」とは、生きるための媒介

「虫」とはなにか？

考えるためのヒント

ナウシカが王蟲を守ろうとした理由

虫とは何か？　気持ち悪いもの？　それとも小さいもの？　『風の谷のナウシカ』に出てくる虫、王蟲《オーム》は、気持ち悪い姿をしていますが、サイズは巨大です。大型動物並みのサイズであるにもかかわらず、虫なのです。つまり、サイズが問題なのではなくて、やはりあの気持ち悪さが虫の特徴といえそうです。

虫の種類は色々ありますが、王蟲のように脚がたくさんある芋虫のお化けのような虫は、特に人から気持ち悪がられます。

一般に昆虫は頭・胸・腹に分かれており、6本の脚が生えています。これだけでも人間とはかなり異なる形状ですが、芋虫はもっとかけ離れています。おそらくこの人間とはまったく異なる形状が、気持ち悪さの原因なのだと思います。

しかし、同時に虫には美しさも宿っています。蝶の羽はいうまでもなく、玉虫の輝く甲殻《こうかく》やカブトムシの凜《りん》とした角《つの》、ミドリ色の芋虫でさえ、人間にとって美と映ることがあるのです。そういえば、ナウシカも王蟲が脱皮した後の殻《から》を「きれい」と表現していました。

気持ち悪いのに美しい。この矛盾をいったいどう解すればいいのでしょうか。ヒントは人間との比較にあるように思います。

虫の形状や色は明らかに人間と異なります。つまり人間にないものを持っている。これが生理的に気持ち悪さをもたらすわけです。人には自分とは違うものを排除しようとする本能がありますから。その反面、この違いこそが人間の憧《あこが》れを刺激し、美を感じさせる要因にもなりうるのです。

虫に見出された美は、また虫に対する畏敬《いけい》へとつながり得ます。虫はすごいと。たとえば、アリの大群が大きなことを成し遂げる姿を称賛したり、甘いはちみつをつくってくれるミツバチに感謝したり。

王蟲にも役割がありました。それは腐った空気に満ちた腐海と呼ばれる森を浄化するという大切な役割です。だからナウシカは王蟲に敬意を払っていたのです。そして王蟲を守ろうとさえしました。そう、虫は守るべき存在でもあるのです。

「一寸の虫にも五分《ごぶ》の魂」という表現があります。虫は小さい存在だけれども、この世界を構成する一員であり、それぞれ役割を持っているのです。

一言でいうと、それは自然を守るという役割です。虫は自然の中に棲んでおり、自然を構成しています。虫は自然の象徴なのです。ですから、虫を守ることは、自然を守ることでもあります。特に子どもにとって、虫は自然の代表のような存在であり、夏休みに虫を捕ることが、自然世界とのコミュニケーションになっています。

残念ながら、現代社会では子どもたちが虫を捕る機会が減っています。スマートフォン片手にポケモンのモンスターを捕《つか》まえることはあっても、網とカゴを持って虫を捕まえに出かけることはないのです。

これはつまり自然とのコミュニケーションを断つことを意味します。自然とのコミュニケーションを断った人間がどのような行動に出るかは明らかでしょう。自然への畏敬を失います。そして単なる破壊の対象にしてしまうのです。そこには一人の旧友もいないのですから。共に夏休みを過ごしたカブトムシやセミのような旧友が。

気持ち悪いだけの存在を誰が残そうとするでしょうか。自然とのコミュニケーションの扉を閉ざしてはいけません。小さいけれど、虫は環境保護の大きな入り口なのです。さあ、網とカゴを持って森へ出かけましょう！

ある一つの答え A

「虫」とは、自然とのコミュニケーションの扉

「腐敗」とはなにか？

考えるためのヒント

腐海とはどのような存在か？

『風の谷のナウシカ』では、皆マスクをしています。腐海と呼ばれる菌類の森から放たれる瘴気《しょうき》が、空気を汚しているからです。もしその空気を直《じか》に吸うと、たちまち肺が腐ってしまうといいます。

あたかも中国のPM2・5を思い起こさせる状況ですが、大気汚染を空気の腐敗ととらえているところが面白いと思います。人間の過ちがその状況を招いたことを如実に示しているからです。

腐敗には、その原因によって、二つの意味があるように思います。「生命の循環過程としての腐敗」と、「人為的な過ちによる腐敗」の二つです。

生命の循環過程としての腐敗は極めて正常なものであって、その音の響きとは裏腹に、望ましい事態ですらあります。生命はやがて朽《く》ちていきます。そうして自然に還っていくのです。

もし生命がいつまでも腐らずに存在するとしたら、それはもうゾンビの世界です。実際、最近の遺体は生前に防腐剤入りの食物をとりすぎて、土葬してもなかなか腐らないという嘘のような話を耳にすることがあります。

人間に限らず、植物も動物も、きちんと自然に還らないとしたら、まさにそれは自然の喪失を意味します。もっというなら、それは生命の喪失につながりうるのです。

では、どんどん腐ればいいかというと、それもまた問題です。

もし過剰に腐敗したり、一気に大量に腐敗すると、循環処理が間に合いません。なんらかの事故によって動物が大量死したりすると、そこから菌が発生し、これもまた生態系に悪影響を与えることになるのです。したがって、腐敗は正常な循環過程にとどめる必要があります。つまり、腐敗にはバランスが求められるということです。腐らないのもいけないけれど、腐りすぎるのもいけないのです。

他方、人為的な過ちにによる腐敗は、正当化されることはないように思います。環境汚染を考えれば明らかなように、たとえそれが、人間が恩恵を被るためであっても、自然を「腐敗」させる行為を許してはいけないのです。なぜなら、この地球上、いやこの宇宙には人間だけが棲んでいるわけではないからです。

仮に人間だけに限るとしても、将来の人間まで巻き込んではいけません。環境汚染は将来世代にも迷惑をかける行為です。だからこそ、長期にわたって影響を及ぼすことが明らかな放射能の使用については、慎重な議論が求められるのです。いわゆる原発の是非です。

また、人為的な腐敗には、環境汚染だけでなく、賄賂《わいろ》や横領など立場を悪用した腐敗もあります。こうした犯罪による腐敗防止が求められるのは当然です。この例から明らかなように、人為的な腐敗についてはバランスなどありません。腐敗は一切認められないといっていいでしょう。

問題は、自然の腐敗を人間の腐敗が助長していることです。人為的な腐敗の結果、自然が腐敗しているといってもいいでしょう。そして人為的な腐敗が決して認められるものではない以上、それに起因する自然の腐敗も決して認められるものではないのです。

人間が助長した自然の腐敗は、それがどんな程度のものであったとしても、常にバランスを欠いているわけです。人間が自然にかかわることができるのは、それを保護する場合のみです。

『風の谷のナウシカ』で正しいのは、自然と共生することを選んだナウシカだけでした。PM2・5に苦しみ、温暖化による異常現象に苦しむ私たちは、皆ナウシカに倣《なら》わなければならないのです。

ある一つの答え　「腐敗」とは、生命の循環過程

「谷」とはなにか？

考えるためのヒント

なぜ風の谷だけは平和なのか？

『風の谷のナウシカ』というタイトルが示している通り、ナウシカたちは谷に住んでいます。その地形のおかげで、森が発する毒に汚染されることなく生活を送れています。風の谷と呼ばれるその場所は、海からの風が吹き抜けることで、空気を清浄に保つことができているのです。

通常、谷は、山に挟まれた周囲より標高の低い土地が、細長く溝《みぞ》状に連なって形成されています。したがって、その溝の部分を風が吹き抜けていくわけです。その山に挟まれた形状から、あたかも隠された場所のような印象を受けます。世界のポケットのように隔離された場所、いわば秘密の場所なのです。

その場所だけ周囲とは違って、何か特別なことが起こる、そんな場所です。ナウシカたちの住む風の谷も、ほかの場所とは違って、マスクをつけずに人が住むことができる特別な場所です。

よく山と谷が比較されますが、山は突起しているので目立つ一方、谷はくぼんでいるので、隠れています。また「人生山あり谷あり」というとき、谷は悪いことの象徴として使われます。

つまり、谷はつらいことを意味する言葉でもあるのです。風の谷もある意味で試練を受けているので、人々のつらさを象徴しているといってもいいかもしれません。

もっと直接的に「死の谷」という表現もよく使われます。アメリカの死の谷が一番有名です。気温が高く、乾燥した場所です。ロシアの死の谷は、有毒ガスが出ている文字通り死を招く谷です。ビジネス用語にも死の谷というのがあります。基礎研究を実用化する際に直面する障壁のことを指します。

いずれもくぼみにはまり込んで容易に抜け出せない状況を想起させるものです。ところが、なぜか谷は人を引きつけます。それは隠された場所だからというだけでなく、あの美しさに理由があるのではないでしょうか。

ナウシカの住む風の谷もとても美しい場所でした。まるでそこだけ空の景色を切り取ったかのような不思議な空間。山と山の間に緑の川が流れるかのように平地が細長く連なり、光が射しこんでくる。

おそらく山を越えてきた人たちにとっては、視界が開けたとたんに飛び込んでくるこの美しい景色はユートピアにしか見えないでしょう。そう、風の谷はたしかにユートピアなのです。山と風に守られた美しい場所。それが風の谷なのです。

そんな美しい谷に住む人たちは、心も美しくなるようです。谷の人と呼ばれる風の谷の住人たちは、ほかの国の人たちとは違って、平和を好み、他者を思いやる美しい心を持っています。きれいな空気、きれいな景色は、きっと人の心も浄化するのでしょう。

いや、それだけではありません。風の谷にはナウシカがいます。風の谷の住人が、クシャナに向かっていいます。あなたは同じ姫でも大違いだ、と。クシャナは力で人を支配しようとしたのに対して、ナウシカは慈《いつく》しみの心で人心《じんしん》をつかみました。

だからどんな戦いにも負けないのです。力だけで戦おうとすれば、相手国に仕返しされたり、王蟲に襲われたりします。でも、慈しみの心で戦う場合は、誰も血を流すことなく、相手の怒りを鎮め勝利をもたらします。

風の谷が平和であり続けるのは、もしかしたら谷を意味するヴァレーのVが、この地ではヴィクトリーのVだからなのかもしれません。

ある一つの答え

「谷」とは、何か特別なことが起こる場所

「自然」とはなにか？

考えるためのヒント

「大気が怒りに満ちている」とは、どういう意味か？

自然もまた、宮崎駿が主題とするものの一つといっていいでしょう。人間はもともと自然の一部だったわけですが、それが次第に自然とは別の存在になり、ついには自然を征服し、破壊するまでに至るのです。気づけば人間と自然は、互いに対立しあう悲しい関係になってしまっていたのです。

『風の谷のナウシカ』では様々な自然が描かれています。美しい山、澄んだ川、青い空、緑の谷、そして深い森。

とりわけ腐海と呼ばれる森はグロテスクなまでに奇妙な植物に覆われ、見たこともない虫たちが生息する複雑な場所です。でも、それがまた美しいのです。ナウシカもその森を「きれい」と表現します。

その美しい自然を破壊しようとするから、人間はしっぺ返しを食らうのです。自然も生き物です。これは動物や虫のような生き物が、自然を構成しているからというだけではありません。

植物も、大気でさえも生きているのです。だから大ババ様がいったように、「大気が怒りに満ちている」という表現が可能になるのです。

自然が生き物である以上、その破壊行為には当然抵抗が示されるわけです。王蟲のように人間を襲ってくる生き物は、現実に存在します。実は新種のウイルスはそうした自然の抵抗であるということができます。

人間はしょせん自然の力にはかなわないのです。自然を怒らせてしまったら、もう誰も止められません。自然災害というのは、そうした自然の怒りの表れです。悪いのはいつも人間なのです。

かといって、文明を持ってしまった人間は、もはや自然と一体化することなどできません。虫と人とは同じ世界には棲めないのです。王蟲も森へ帰るしかありませんでした。

私たちにできるのはお互いを尊重することだけです。そのときはじめて平和が訪れるのです。「失われし大地との絆を結び、ついに人々を青き清浄の地に導かん」。風の谷に伝わるこの伝説の言葉の通り……。

自然との絆を取り戻すことさえできれば、自然は本来の働きをしてくれます。それは、空気をきれいにし、水や土をきれいにすることです。この循環のシステムこそ自然が担っているものであり、人間が恩恵を被っているものにほかなりません。

そのことに気づいた人だけが、自然に感謝し、自然を愛し、自然のために涙することができるようになるのです。さらに、そういう人だけが自然と対話することが可能になります。

自然に囲まれて生きる私たちが、もし自然と対話できなくなってしまったらどうなるか？　おそらく身勝手な行動をとるようになり、やがては破滅に至るに違いありません。

ただし、自然と対話するといっても、いうことを聞くのは常に人間のほうであることを忘れてはいけません。人間と自然を比べたら、自然のほうが断然大きく、複雑なのですから。自然のほうが人間なんかよりも、ずっと長くこの世界に存在してきたのです。それを身勝手な発想で逆らおうとするから、痛い目にあうのです。

思い上がりを捨て、素直に自然の声に耳を傾ける。それが自然と対話するということです。対等な立場で交渉しようなんてとんでもありません。理想は、できるだけ自然に迷惑をかけない生活をすることです。

自然の許しなしに、人間がこの世に存在し続けることなどできないのですから。

ある一つの答え

「自然」とは、人間にとって生きる条件

Story『天空の城ラピュタ』

鉱山で働く少年パズーのもとに、ある日突然空から少女が降ってくる。

人を浮遊させる不思議な石のペンダントを身につけた少女シータは、実は空中に浮かぶ伝説の国ラピュタの王族の子孫だった。

ラピュタを浮かばせる力を秘めた不思議な石——飛行石《ひこうせき》を狙《ねら》う空賊《くうぞく》ドーラ一家と、政府軍をうまく利用するもう一人の王族の子孫ムスカ。

彼らの手から逃れてラピュタにたどり着いたパズーとシータは、ムスカとの最後の戦いに挑む。そして、シータとパズーが唱えた呪文によって、ムスカの野望と共にラピュタは崩壊する。

第2章 『天空の城ラピュタ』で哲学する

「石」とはなにか？

考えるためのヒント

「飛行石」とはなんだったのか？

石と聞いただけで、哲学者の私は考え込んでしまいます。それは決して悪い意味ではなくて、思考を開始してしまうということです。石は一つひとつ違う形をしており、いったいどういう経緯でここにあるのか、ついつい考えてしまうのです。それが変わった形であったり、変わった色をしていた日には、もう想像が止まらなくなります。

そういうと哲学者はやっぱり変わり者だと思われるかもしれませんが、石をアクセサリーにしたり、お守りにしたりするのもきっと似たような感覚からだと思います。

『天空の城ラピュタ』には飛行石という不思議な石が登場します。文字通り、ものを宙に浮かせて飛ばすことのできる力を持った石です。この石を持つと、宙に浮くことができるのです。ほかにも呪文を唱えることで、光を放ったり、破壊に導いたりと、不思議な現象を巻き起こします。

飛行石が面白いのは、そのままでは何も起こらないのに、人が身につけたり、呪文を唱えることで不思議な力を発揮するという点です。つまり、人間の意志が介在することではじめて、石はそれが持つ潜在的な力を発揮するわけです。飛行石のペンダントがシータにしか反応しなかったように。

自然界に存在する石は、そのままだとただの石にすぎません。ただそこにじっと存在するだけの塊《かたまり》です。風が吹いたり、水が流れてくれれば、動いたり形を変えたりすることもあるでしょう。でも、自らの意志で移動したり変化したりすることはありません。

その意味で石は、人間の意志が介在しない限りただの固い塊なのです。とはいえ、石は様々な成分からできており、中には大きな力を秘めたものがあるのもたしかです。それをエネルギーとして生かしたり、不思議な力を持った存在として活用するのは、人間にほかなりません。したがって、人間の意志が解き放つ潜在性こそが石の本質だといっていいでしょう。

私が石に惹かれるのは、まさにこの部分なのです。どの石を見ても、何かその中に不思議な力が宿っているように思えます。注連縄《しめなわ》で囲われた奇岩《きがん》はもちろんのこと、そのへんに転がっている石ころでさえ。

石をじっと見つめて、その中に宿る力に思いをはせると、色んなことが頭をかけめぐるものです。これは何も、私が哲学を生業《なりわい》にしているからそうなるわけではありません。誰がやってもきっと同じことが起こるはずです。なぜなら、石の中にあるものは、実は私たちの心そのものだからです。

私たちは石を前にして、石の中のことを考えているつもりが、自然と自分の心の中にあるものを引き出して、それについて考え始めるのです。石の中は、見えるはずがないのですから。

それならアートを見ても、何を見ても同じだといわれるかもしれませんが、石のほうがよりいいと思います。それは石があまりにもなんの変哲もない存在だからです。だからこそ純粋に自分の心に向き合えるのです。鏡で自分の姿を見つめるのに似ています。

ただ、鏡の場合、石とは違って、自分の本質を見るのに自分の外見が邪魔になります。心の中を見るには、シンプルなほどいいのです。そして純粋に石に向き合うときはじめて、あたかも『天空の城ラピュタ』でパズーやシータが実現したように、物事の本質を知ることができるのです。

ぜひ道端や公園に佇《たたず》んでいる石を拾い上げてください。どんな石でもいいです。そしてじっと見つめてみてください。その瞬間から、その石はあなたにとっての飛行石になるはずです。

ある一つの答え

「石」とは、人間の意志が解き放つ潜在性

「浮遊」とはなにか？

考えるためのヒント

なぜラピュタは天空にあったのか？

人間は走ることができます。泳ぐこともできます。でも、空を飛ぶことはできません。動物界の頂点に立ちながら、飛ぶことだけができないのです。ある意味で、それはコンプレックスのようなものになっています。

たしかに、飛行機に乗ったり、ハンググライダーを使ったり、あるいは今ではジェットパックを使ったりして空を飛ぶことは可能です。でも、何もつけずに、素の体のままで飛ぶことはできません。

『天空の城ラピュタ』では、飛行石がそれを可能にします。不思議な石を身につけた少女シータは浮遊することができるのです。

もちろん飛行石がなかったら浮遊できないわけですが、石そのものはジェットパックのように空を飛ぶための機械ではありません。ペンダントのようなものですから、何も装着していないのと同じです。

シータが浮遊するシーンは、映画の登場人物たちにとっても、そして映画を観る私たちにとっても、とても神秘的に映ります。それは私たちの頭の中に、人間は浮遊することができないという強い固定観念にも似たコンプレックスがあるからです。

浮遊は人間にとって神秘的な力の象徴なのです。そのせいで、空中浮遊する様子を見せられると、ついそこにカリスマ性を感じてしまうこともあります。カルトのグル（指導者）がなんらかのトリックでそういう姿を見せると、もうコロッと騙されてしまうわけです。浮遊にはそれほど強い魅力があるといっていいでしょう。

かくいう私もずっと浮遊に憧れてきました。空を飛ぶ夢さえ見ます。それは、特別な力を持ちたいという欲望の表れなのかもしれません。そもそもこの地球上で浮遊するということは、重力に逆らうことを意味します。

重力とは大前提であって、文字通り重さを決めている力なのです。その重さに抗《あらが》って、ふわっと浮くことができるというのは、あたかも運命や社会からの圧力への抵抗を象徴しているように思うのです。

その意味で、私が浮遊する夢を見るのは、運命に抗いたいという願望の表れだといっていいでしょう。

しかも、浮遊は推力で飛んでいってしまうロケットのようなイメージとは少し異なります。ラピュタ城はあくまで浮いていたのです。

最後のシーンでラピュタ城が上空に上っていきますが、それでも宇宙まで行くことはありませんでした。やはりふわふわと浮いているのです。これはあくまで浮遊しない、あるいは浮遊できないものとは、異なる場所にあるということです。

ラピュタ城は上空から地上を支配するという設定でした。つまり、何かの上で浮遊するというのは、優越性を意味しているのです。浮遊するということは、ほかのあらゆるものに対する優越であり、決められた自らの運命に対する優越にほからならないのです。

だから人間は必死に浮遊しようとするのです。空賊ドーラ一家が乗る小型機もブンブン必死に羽根を羽ばたかせていました。あの必死な動きが象徴的です。

宮崎駿の作品には飛行機がよく出てきますが、きっと運命への抗いを描いているに違いありません。

ある一つの答え

「浮遊」とは、運命への抗い

宮崎アニメが面白いのは、その際浮遊を単なる魔術で終わらせないところです。飛行石でさえ、科学の結晶だといいます。これは現実的なようで、実は夢のある話です。なぜなら、まったくの魔術なら、もうそれは奇跡でも起こるのを信じるよりほかありませんが、科学の結果だというなら希望が残りますから。

「呪文」とはなにか?

考えるためのヒント

なぜシータだけが滅びの呪文を知っていたのか?

『天空の城ラピュタ』では、二つの呪文が重要な役割を果たします。一つ目は、「リーテ・ラトバリタ・ウルス　アリアロス・バル・ネトリール」。そして二つ目は、滅びの呪文「バルス」です。

「リーテ・ラトバリタ・ウルス　アリアロス・バル・ネトリール」のほうは、ラピュタ語で「我を助けよ、光よよみがえれ」という意味になっています。シータがこの呪文を唱えると、飛行石が光を放ち、まるで長年の眠りから覚めたかのようにロボット兵が動き出します。

「バルス」は、同じくラピュタ語で「閉じよ」という意味になっています。シータがこの呪文を唱えると、強い光と共に天空の城ラピュタは崩壊していきます。いずれも強い力を持った呪文で、唱えれば驚くようなことが起こります。

そもそも呪文とは、呪術《じゅじゅつ》、つまり神や超自然の力を用いて、日常では生じないような効果をもたらすための言葉です。したがって、言葉だけでは意味がなく、何かそれを唱えることによって不思議なことが起こる必要があるのです。

そのため、通常、呪文は秘密裏に伝えられます。誰もが知っていたら大変なことになりますから。

シータの場合もそうでした。一子相伝《いっしそうでん》のまじないとして、こっそりと伝えられるのです。いわば呪文は、世界を変えるためのとっておきの言葉なのです。だからでしょうか、その言葉自体は無意味な音の寄せ集めにすぎません。

聞いたこともないような変な言葉。あるいは言葉のランダムな組み合わせです。これがまた謎めいた雰囲気を醸《かも》し出すわけです。日ごろ私たちは意味のある言葉に慣らされていますから、意味不明の言葉を耳にすると動揺してしまうのです。そして何か変なことが起こりそうな感覚にとらわれます。

その典型は、お経です。お経の意味をしっかりと把握できる人は少ないでしょうから、お葬式などでお坊さんが読経《どきょう》を始めると、いかにもそれが呪術的に聞こえるのです。

しかし考えてみれば、言葉だけで何かが起こる気がするというのは、すごいことです。言葉にはそれだけ威力があるという証拠です。それは私たちの日常を振り返ってみればわかると思います。

「バルス」などといわなくても、ドアが開いているときに「閉めろ」といえば、皆ドアを閉めるでしょう。これはすごいことです。わずか三文字を口から放つだけで、物理的にドアが閉まるのですから。おそらく日ごろ言葉と動作の関係をそんなふうにとらえてみることはないと思いますが、すべての言葉はある意味で呪文なのです。

このようなことをいうと、言葉を理解するのは人間だけなので、物にも作用する呪文とは異なるという人がいるかもしれません。でも、音楽を聞かせると野菜がよく育つという研究もあるくらいですから、物には言葉がまったく作用しないとはいえないのではないでしょうか。

もしすべての言葉が呪文だとすると、本当の呪文のごとく物事を破壊する威力を持った言葉もあり得ますので、注意が必要です。たとえば、「死ね」といわれれば誰もが大きなショックを受けるでしょう。ですから、そんな言葉は使わないほうがいいのです。もちろん悪魔のような生き物が現れて、その生き物に対してどうしても使わなければ人類が滅んでしまうという状況なら、必要かもしれませんが。

ただ、その場合はまさに本当の呪文のごとく秘密裏に伝え続ければいいのです。人を罵《ののし》るすべての言葉がこの世から消え、悪魔と対決するための呪文となるのを祈るばかりです。

ある一つの答え

「呪文」とは、世界を変えるためのとっておきの言葉

「ロボット兵」とはなにか?

考えるためのヒント

「ロボット兵」はなぜ存在するのか?

ロボット兵というのは、文字通りロボットの兵隊なのですが、何でできているのかは不明です。金属のようなものでできているように見えるのですが、ムスカによると地上の科学力ではそれさえわからないといいます。

巨大で得体の知れない風貌のロボット兵が空から降ってきたことで、天空に存在するラピュタ城の存在が明らかになったのです。

『天空の城ラピュタ』ではこのロボット兵が重要な役割を担い、大暴れします。映画の中ではたくさんのロボット兵が描かれましたが、まず登場したのは地上に落ちてきて死んだ状態にあるはずの壊れたロボット兵。

しかしこのロボット兵は、シータの呪文によってよみがえります。そして壊れたままのアンバランスな体を暴走させるかのように暴れまくります。ロボット兵はただでさえ大きくてインパクトがあるのに、それがビームを放って暴れまくるのですから、もう手に負えません。

そんなロボット兵も、シータには従順な姿勢を示そうとします。そう、ロボット兵もあくまで兵なので、主人が存在するのです。彼らは主人のために戦っているのです。シータに手を差し出すロボット兵は、ロボットなのにまるで心を持っているかのようでした。いや、正確にはロボットのような生命体なわけですが。

それでも人間とは異なる人工的な生命体が、誰かを守るために死んでいく姿には、感動と敬意を覚えざるを得ません。ラピュタ城に住み続けるロボット兵も登場しますが、彼らの中には鳥の巣を守り、お墓に花を供え続ける心優しいものもいます。それはもう兵士ではなく、執事のような存在です。

しかも小動物たちと心を通わせ、生態系の一部のようになって存在しているのです。いや、これは決して比喩ではなく、すでに死んでしまったロボットたちはまさに植物の中に埋もれてしまっていました。もしかしたら、そうして彼らもまたほかの生命体と同じく土へと還っていくのかもしれません。

人間の寿命はせいぜい百年ちょっとですが、ロボットはもっと長く生きることが可能です。ラピュタ城でも、人がいなくなってからもロボットが生き続けていました。あるいはいったん眠りに入っても、またよみがえるということがあり得ます。そこが人間とは大きく異なる点です。

私には、時にロボットという存在が悲しげに映ることがあります。それは、いくらほかの生命体と一緒に過ごしていても、自分だけが取り残されるという事実に起因するものです。本人たちがどう感じているかはわかりませんが、私にはそう見えるのです。

長生きしたはいいけれど、もう誰もいなくなってしまった世界に一人で生き続けることを想像すると、どうしてもロボットに同情してしまいます。それは人間の手によってつくられた悲しみといっていいでしょう。

今、私たちは無数のロボットを生み出しつつあります。しかし、その運命について考えている人はどれだけいるでしょうか。ましてやＡＩ（人工知能）を持ち自律的に思考するロボットが誕生する時代です。人間と同じく意識のようなものを持つロボットが生み出されるのも時間の問題だと思います。

そしておそらくはロボットは人間の役に立つ、人間を守る存在として生み出されるのでしょうから、自分の主人よりも長く生き続けることになるはずです。そのとき、ラピュタ城を守り続け、帰らぬ主人を待ち続けるロボット兵の悲しげな姿は、私たちになんらかの示唆《しさ》を与えてくれるような気がしてなりません。

ある一つの答え A

「ロボット兵」とは、人間の手によってつくられた悲しみ

「天空」とはなにか？

考えるためのヒント

なぜムスカの願いはかなわなかったのか？

天空というのは、天国にも似たユートピアであり、憧れの地です。なぜなら、容易に行ける場所ではないからです。その意味では、あたかも地上に住むかのように、空の上で生活できたらどんなに素敵だろうかと思います。『天空の城ラピュタ』は、そんな人間の理想を形にした物語だといっていいでしょう。

地球上では大陸や島が海に浮かんでいますが、もしすべてが宙に浮いて天空にあるとしたらどうか。この物語の中でも出てきましたが、スウィフトの『ガリバー旅行記』にも空に浮かぶ島が登場します。天空の城は理想の場所なのです。もっとも、理想の場所といっても、それは実際に存在するわけではありません。先ほど天国と形容したのはそうした理由からです。いや、天国だとまるで死んでから行く場所のようなので、むしろイデア界に似ていると表現したほうがいいかもしれません。

イデア界とは、古代ギリシアの哲学者プラトンが唱えた概念です。イデアというのは、いわば理想のことです。したがって、この世のほかに理想の世界としてのイデア界があるというわけです。

天空はそのイデア界に似ているような気がします。いわば現実のアンチテーゼ（対立する理論）なのです。現実の世界にないものを、人はイデア界に求めます。そうして心を落ち着けたり、逆に心を躍《おど》らせたりするのでしょう。

問題は、『天空の城ラピュタ』では、そのアンチテーゼを地上の現実に押し付けようとしてしまった点です。雷によって地上を支配するなどというのは、まったく恐ろしい発想です。だからラピュタは滅びたのです。そして人間は土から離れて生きられないことを悟ります。

その意味でも、天空の城はあくまで理想であって、実際に存在してはならないものなのです。もちろん、この世に天空の城と呼ばれる場所は存在しますが、そうした場所はいずれも山岳部に位置しているため、雲海に埋もれてあたかも天空に浮かんでいるかのように見えるだけです。

したがって、私たちはその天空に浮かんでいるように見えるものを憧れの場所として眺めていればいいのです。そういってしまうと、なんだか悲しい現実のように聞こえますが、決してそうではありません。むしろワクワクする現実だといっていいでしょう。

なぜなら、空の上にそういう場所があると思うだけで、胸が高鳴るからです。パズーはシータが空から降りてきたとき、まさにドキドキしたと表現しています。それは別にかわいい女の子が降りてきたからというだけではなく、素敵なことが起こりそうな気がしたからです。

そしてその後パズーはずっと夢だったラピュタに行くことができ、シータとの恋もどうやら実ったようなので、本当に素敵なことが実現したわけです。天空にはそうした素敵なことと関係してそうな何かがあるのです。

それは時に天空が神の棲む場所を指すことからも明らかでしょう。天空は私たちの願いをかなえてくれる場所でもあるのです。パズーの願いも、シータの願いもちゃんとかないましたから。

ムスカの願いはかないませんでしたが、それはかつてのラピュタ人の過ちを繰り返そうとしたからにほかなりません。つまり、天空の城を現実のものにしようとしたのです。

ある一つの答え

「天空」とは、永遠の理想

逆説的ですが、天空の城は永遠の理想であり続けることによってのみ、私たちの願いをかなえてくれるのです。

Story『となりのトトロ』

舞台は、昭和30年代、日本の田舎町《いなかまち》。そこに引っ越してきたサツキとメイの姉妹は、ボロボロの家で不思議な体験をする。家の中でススワタリを見たり、となりの森でお化けのような怪物トトロに出逢ったりするのだ。

バス停で雨に濡《ぬ》れるトトロに傘を貸してあげたのがきっかけで、彼らは交流を始める。一緒にどんぐりの実から大きな木を生やしたり、空の散歩に連れていってもらったりと。

そんなある日、サツキと喧嘩《けんか》したメイが、入院中の母親のところに一人で行こうとして迷子になる。万事休すのサツキはトトロに助けを求める。そしてトトロはネコバスを呼んで、メイを助ける。

第3章 『となりのトトロ』で哲学する

「森」とはなにか?

考えるためのヒント

トトロに会えるのはどんな人?

森とは木がたくさん生《お》い茂《しげ》った場所を指します。単に木がたくさん生えた場所というだけなら林という言葉もありますが、森の場合はそれよりもっと複雑に木が生い茂っているようなイメージです。それは必ずしも量的なものだけを意味するわけではなくて、一つひとつの植物がより密生した場所なのです。

それゆえに森はミステリアスな印象を人々に与えます。いったい中はどうなっているんだろう、いったい何が潜《ひそ》んでいるだろうというふうに。そういう想像力を掻《か》き立てる場なのです。

そのせいか、森はこれまで古今東西様々な物語のモチーフや舞台になってきました。不思議なことが起こるのは、いつも森の中なのです。

『となりのトトロ』もまたそんな森の中で起こった物語だといっていいでしょう。引っ越してきたサツキとメイは、まず家のとなりにある森に圧倒されます。入道雲のごとく立ち込める木々は崇高《すうこう》ですらあります。

そこは空気や水、生き物など、人間にとって必要不可欠なものを生み出している命の源でもあります。いわば命を守る場所としての「守《もり》」なのです。そしてあらゆる生命を生み出す場所である以上、それは神の棲む場所にほかならないといっていいでしょう。

そういえば、森には「杜」という字を使うこともあるように、神社を囲んでいる木立を指す場合もあります。鎮守《ちんじゅ》の杜という場合の森です。

つまり、森には神様が棲んでいるのです。『となりのトトロ』でも、森の中に社《やしろ》のようなものがあって、その中心に大きなクスノキがそびえ立っています。

そしてその木に注連縄がしてあるのです。その木の中に神が宿っていると考えているわけです。案の定その木の根元に穴があって、そこをもぐっていくと、トトロが眠っているのです。

物語の中ではトトロは神とは表現されていないものの、森の主《ぬし》と表現されています。それは神の言い換えにほかなりません。だからトトロはサツキとメイを助けてくれたのです。しかし、神様は何もしない人や悪い人を助けてはくれません。行いのいい人、祈る人のみに手を差し伸べるのです。

物語の中では、運のいい人だけが森の主に会えるという言葉が出てきますが、その運はあくまでその人が自ら呼び寄せたものなのです。いい行いをしたり、お祈りを捧げたりして。

森が神様の棲む場所である限り、人間と森との関係も人間と神様の関係と基本的に同じということになります。森が命の恵みを人間に与えてくれるのは、あくまで人間が森にいい行いをするか、祈りを捧げたときだけなのです。

森にいいことをするというのは、よくわかると思います。それは森を大切にし、木を育てるということではないでしょうか。その反対が森林破壊です。森林破壊は災害をもたらします。あれは神の怒りなのかもしれません。

　森に祈ることはあまりないかもしれませんが、物語の中では木の実を植えた後、トトロたちと一緒にサツキとメイが、夜にお祈りのようなものを捧げるシーンがあります。すると、ニョキニョキと木が生え、あっという間に森のようなものが出来上がるのです。祈りが通じ、サツキとメイは大喜びします。

最近は土砂崩れなどの災害も増えていますが、きっと森と人間の関係が悪くなってしまったからに違いありません。サツキとメイのお父さんも、「昔は木と人は仲良しだった」といっていました。

　このまま森と人の関係が悪いままだと、森はもう人間に命をもたらしてくれなくなるおそれがあります。さあ、森と仲直りをしましょう。週末近くの森を散歩してみてください。トトロのテーマ曲を口ずさみながら！

ある一つの答え

「森」とは、命の源

「となり」とはなにか？

考えるためのヒント なぜトトロは、「前」でも「後ろ」でもなく「となり」にいたのか？

トトロとはいったい何者なのか？　もちろん作品ではそんなことは明らかにされません。あんなに存在感があるうえに、タイトルにもある通り主役といってもいいはずの存在が、何者なのかよくわからないなんてことがあるでしょうか？

いや、実はタイトルに何者であるかはっきりと示されているのです。そう、『となりのトトロ』。つまり、トトロとは「となり」なのです。

通常「となり」は、おとなりさんとか、傍《そば》を意味する言葉ですが、ここでの「となり」にはもっと深い意味があるといっていいでしょう。

それを象徴するシーンが、雨の中バスを待つサツキのとなりで、トトロがただじっと立っている姿です。

お互い存在を意識してはいるのですが、会話を交わすこともない。でも、となり合ったおかげで、かかわりが生じ、何かが起こるのです。ここでサツキが傘を貸してあげたことで、お礼にトトロはサツキとメイを助けてくれます。

考えてみると、となりというのはとても不思議な存在です。それはまったくの他者でもなく、自分とかかわりのある他《た》なる存在なのです。もちろんもともとは赤の他人ですが、となりという場所に居合わせただけで、特別な存在になります。

だからといって、常にその人と交流が生まれるわけではありません。たとえば、電車を待っているときとなりに並んでいた人、映画館でたまたまとなりに座った人、レストランのとなりの席で食事していた人……。こうした人たちとのかかわりは、ほとんど皆無《かいむ》であることが普通です。現代社会では、となりに住んでいる人さえも！

もっというと、となりという存在は、必ずしも人間とは限りません。動物だったり、物だったり、トトロのような森の守り神みたいな存在だったりするのです。

その意味では、となりの人とかとなりというより、「となり性」と呼んだほうがいいかもしれません。いわば「となりであること」です。

となり性は、あたかも気配のごとく私たちの周りに常にあって、可能性を与えてくれているのです。何も起こらないかもしれないけれど、何かが起こるかもしれない。

私たちはそういう感覚に包まれているだけで、心を落ち着けることができます。サツキとメイにとってのトトロがそうであったように。別に何かをしてくれるわけではなくても、存在を感じるだけで安心できる。だからトトロはずんぐりむっくりでなければならなかったのです。どっしりと頼れる存在。

トトロが森の守り神、自然の守り神であるかのように見えるのはそのためです。トトロは自然のメタファー（暗喩《あんゆ》）でもあるのです。そうすると、自然そのものが都会や物質文明に対する別の可能性としてのとなりということになりますが、これもまた理にかなってはいます。

なぜなら、『となりのトトロ』の有名な宣伝コピー、「このへんな生きものは、まだ日本にいるのです。たぶん」というのは、都会に対する田舎の可能性を示唆《しさ》するものだからです。

80年代末、バブル崩壊の直前に、それへの代替案のような形で公開されたこの田舎の物語は、当時の日本にとって、もう一つの可能性でもあったはずです。行き着くところまでいってしまった物質文明の後、いったいどこに向かえばいいのか？「となりのトトロ」はすでにもう一つの可能性としてのとなりの世界を見せてくれていたのです。

人々がこの映画に共感したのも、きっとある種の安堵《あんど》を覚えることができたからでしょう。これがダメでも何かが起こる可能性があるに違いないと。

ある一つの答え

「となり」とは、何かが起こる可能性

「傘」とはなにか？

考えるためのヒント

なぜトトロは傘が気に入ったのか？

よく見ると傘はとても面白い形をしています。あまりじっくりと考えたことはないかもしれませんが、傘というのはまず丸い形をしていて、真ん中に棒があります。しかも、横から見ると三角形になっていて、立体としては中身がくり貫《ぬ》かれた円錐《えんすい》です。

この形のおかげで色んなことが起こります。たとえば、二人で入ることができます。円になっていて中央に持ち手の棒があるわけですから。同じ傘に二人で入るいわゆる相合《あいあ》い傘は、恋の始まりをほのめかすものでもあります。

誰しもそういう思い出があるのではないかと思いますが、気になる異性と一緒に傘に入ると、それだけで物理的距離だけでなく、心の距離や関係性の距離までが縮まったような気になるものです。

『となりのトトロ』では、カンタがサツキとメイに傘を貸します。そして自分は濡れて帰るのです。ここでは相合い傘はしていませんが、それを想起させるシーンです。もし二人きりなら、そしてあそこまでカンタがシャイでなければ、二人は相合い傘で帰ったことでしょう。

いや、傘を貸すという行為そのものが、実は恋の始まりであったり、友情の始まりであったりするのです。

当然ながら、傘は雨をしのぐものです。必要なのに傘がないという状況は、とても困った事態です。そんなときに傘を貸してもらえると、とても嬉しいものです。

だからトトロも雨の中バス停で傘を貸してもらったお礼に、サツキとメイを助けたのでしょう。トトロのテーマ曲の歌詞にもあるように、雨傘を貸してあげたことが森へのパスポートになって、魔法の扉が開いたのです。

いや、トトロの場合はそれだけでなく、傘に雨が落ちる音自体に喜びを感じていた部分もあるわけですが。たしかに傘は雨の日を楽しくしてくれる最大のアイテムでもあります。雨音を楽しんだり、傘自体をファッションとして楽しんだり、ゴルフの真似事《まねごと》をしてみたりと……。

あるいは、雨だけでなく風も強い日には、傘がパラシュートのように風を受け、飛んでいきそうになります。空を飛ぶまではないにしても、グイグイと引っ張られたことくらいはあるでしょう。傘だけなら本当に飛んでいくことさえあります。

これは最初にお話しした傘の形にも関係しているのですが、くり貫いた円錐形であることから、どうしてもパラシュートのように空を飛ぶというイメージと結び付けてしまうのです。物語の中でトトロが傘を持って空高く舞い上がっていくのは、そんなイマジネーションを形にしたものだといえます。

風に乗った傘が、私たちをどこか未知の世界に連れていってくれるのです。その意味でも、傘は秘密の扉を開け、新しい世界へと導いてくれるパスポートなのかもしれません。私たちは傘を開くとき、きっと同時に新しい世界への扉も開いているのです。

こんなふうに考えてみたらどうでしょうか。

雨が降るたび、世界はきれいに洗われて新しくなる。そして私たちは傘を開いて、そんな新しい世界の扉を開ける。傘をさして一歩外へ踏み出すと、そこはもう私たちの知らない世界なのだと。

なんだか憂鬱な雨の日の外出が、まるで楽しい外国旅行のように思えてきませんか？

何しろ傘は秘密の扉をくぐり抜けるためのパスポートなのですから。雨の日が待ちきれません！

ある一つの答え A

「傘」とは、新しい世界への扉を開くパスポート

「バス」とはなにか？

考えるためのヒント

ネコバスとはなんだったのか？

バスにはなぜか待つという行為がよく似合います。もちろん電車も待ちますし、タクシーを待つこともあります。ただ、バスが一番よく似合う気がするのです。バスは、道路事情の影響を受けやすく、いつ来るかわからないというイメージがあるからでしょう。

今でも田舎のバスだと、いつ来るかわかりません。時刻表はありますが、あれがまた私たちを不安にさせるのです。もう来ているはずのバスが来ていないことが示されるわけですから。どうせその通り来ないなら、時刻表などないほうがまだ落ち着くのですが、そういうわけにもいかないのでしょう。

不思議なことに遅れていたバスが来ると、感謝の念さえわいてきます。「ああ、やっと来てくれた！　ありがとう」と。待ち人は遅れてくるほうが、ありがたみが増すのと同じです。

そう、バスに乗ってくる人を待っている場合には、その人を待っているのですが、バスを待つという意識と交じり合ってバスに感謝してしまうのです。

待つというのはつらいことですが、その後自分の行為が報われることを信じているので、多少のつらさには耐えられるのでしょう。雨が降っている中待たされるのはとてもつらいものですが、それも喜びのおぜん立てになるのです。『となりのトトロ』でも、雨の中バス停で父親を待つサツキとメイの姿は、いかにもかわいそうですが、なぜか希望を感じます。きっとバスが来て、お父さんがそこに乗っていて、彼女たちは報われるはずだという期待が、こちらの側にもあるからなのでしょう。

サツキたちのお父さんもそうですが、バスにかかわる人は待っている人だけではありません。特にバス停では色んな立場に分かれます。

運転手さん、それまで乗ってきた人、そこで降りる人、そこから乗ってきた人、もともと乗っていてさらに乗り続ける人、バス停で待ち人と落ち合えた人、まだ待ち続ける人……といったように。

ここで明暗が分かれるのです。一番つらいのは、自分だけ取り残されて、まだ待ち続ける人です。バスに乗り続ける人はどこか目的地に向かっていくのだからいいでしょう。誰かと落ち合えた人も目的達成です。でも、取り残された人だけは、いつ来るともわからないバスをまた待ち続けなければならない。

ネコバスのように、風のようなスピードでやってくるバスを想像する気持ちはよくわかります。あれはバスを待つ人たちの願望が形になったものなのでしょう。なにしろバスはとろとろと走るものの代名詞のような存在ですから。

バスというのは、確実さやスピードという概念に慣らされた現代人に、ある種の気づきを与えてくれるものなのかもしれません。この世には不確実なものやゆったりとした時間の流れがある、という気づきです。

そもそも人間は、そういう不確実でゆったりとした時間の中で生きてきたはずです。それがだんだん確実性やスピードを求めるようになり、人間性を失いそうになっているのです。

だから私たちは、バスを待つ時間、ほんのしばし本来の人間の姿に戻ることができるのです。

じっくりと物事を考え、時間の流れを体感する。自然の姿に目をやり、雨音に耳を傾ける。バスを待つのはしんどいものですが、たまにはそんな時間があってもいいのではないでしょうか。人間性を取り戻す時間なのですから。

A ある一つの答え

「バス」とは、不確実性への気づきを与えてくれるもの

「姉妹」とはなにか？

考えるためのヒント

サツキとメイの喧嘩の意味

姉妹というのは独特の人間関係です。いや、親子だって男兄弟だっていずれも独特なのですが、姉妹はまた独特なのです。その特徴は『となりのトトロ』のサツキとメイを見ていればよくわかります。

この映画のオープニングで、車に乗って新しい家に向かうサツキが、妹のメイにキャラメルをあげるシーンがあります。そして荷台に乗っていることがお巡《まわ》りさんにばれると思ったのか、サツキはメイに「隠れて」と指示します。また家に着いてからも、メイはサツキについて回り、同じ言葉を真似します。

こうしたシーンは二人の関係を象徴するものといっていいでしょう。姉が妹の世話をし、妹に指図をし、妹は姉のいうことに従い、また真似をする……。そうして、基本的に姉は、母親の代理のような役割を果たすようになるのです。

特にサツキとメイの場合は、母親が入院していて不在であるため、その傾向が強くなります。姉はより気丈に振る舞い、妹は姉に頼る。そういう関係性が構築されるのです。

そうでなくても、通常、姉は「お姉ちゃん」と呼ばれるので、名前よりも姉がアイデンティティになり、妹のほうは逆に「メイ」と呼ばれるので、自分自身も「メイもやる」だとか「メイもちょうだい」というようになり、名前そのものがアイデンティティになります。

そうすると、絶対的な姉という存在に対して服従する関係ができるかのようですが、時に姉妹はライバルにもなります。だから喧嘩もするのです。母と姉はやはり違うわけです。姉が妹に名前で呼ばれるときはライバル関係になります。お姉ちゃんではなく、サツキという個人は、もうメイと同格なのです。

たとえば誰かに愛される対象としてサツキとメイが同格であるとすれば、もう二人は完全なライバルです。上下関係もありません。

実際、姉妹は、親の愛情や異性からの恋愛感情をめぐって争い合うことがあります。同性であるだけに、異性をめぐる争いは泥沼化することさえあるものです。このときばかりは、普段は聞き分けのいいはずの姉も、いうことを聞いている従順な妹も、一個人の独立した人格として振る舞うわけです。

普段は固定化された関係を押し付けられているだけに、ひとたび個人として利害が衝突すると、あたかも檻《おり》から解き放たれた猛獣同士の争いのごとく激しいものになります。

特に抑えつけられてきた妹のエネルギーには、すさまじいものがあるといっていいでしょう。そんな抑圧された妹のエネルギーは、姉妹の争い以外でも発現することがあります。妹というのは、時にとんでもないことをしでかすのです。

いや、従順だと思っているから、そういう固定観念が出来上がるだけかもしれません。むしろ姉の責任感に甘えて、妹は無鉄砲で冒険心に満ちていると考えるほうが普通だとも考えられなくはありません。

『となりのトトロ』でメイがトウモロコシを持って一人で母の病院に向かったのは、そうしたとんでもないことの典型例です。別に悪いことをするという意味ではなくて、とんでもない勇気や大胆さ見せることがあるということです。

そのせいで大変な結果を招くこともありますが、そういう場合、たいていは姉が助けてくれます。それが姉妹のいいところです。

母親と子のようであり、かつライバルでもある姉妹。いわばそれは自然に守られながらも、時にぶつかり合う地球と人間の関係を象徴するような、私たちにとって最も根源的な関係性なのです。

ある一つの答え A

「姉妹」とは、地球と人間のような根源的関係性

Story『魔女の宅急便』

魔女のキキが住む村では、13歳になったら一人前の魔女になるために、知らない町に行って魔女の修行をしなければならないというおきてがあった。

彼女は海の見える大きな町を選んで新しい生活を始める。ホウキに乗って空を飛ぶことしか取《と》り柄《え》のないキキは、パン屋に居候《いそうろう》させてもらいながら空飛ぶ宅配便をすることにした。

同世代の男女が遊ぶ姿に嫉妬しつつ、自分のアイデンティティを確立するために、キキは失敗を重ねながら葛藤の日々を送る。

そんなある日、思いを寄せる少年トンボが飛行船の事故に巻き込まれる。このとき空を飛んでトンボを見事救ったことで、キキはようやく自信を持つに至る。

第4章 『魔女の宅急便』で哲学する

「魔女」とはなにか？

考えるためのヒント

キキが魔女修行をしなければならなかった訳

魔女と聞くとどうしても怖いイメージがあります。よく物語に出てくる魔女は、皆怖い顔をしており、魔法を使って人間を苦しめるからです。ただ、魔女という存在にそうしたイメージを植え付けたのは人間自身にほかなりません。

もともと魔女は、古くからヨーロッパ社会に伝わる俗信に由来するものですが、特に中世以降、キリスト教会に対して悪事を働く超自然的能力を持った女性のことを指します。

そんな人間がいるはずはないのであって、明らかにこれはキリスト教による異端迫害であるといっていいでしょう。実際、中世から近代にかけて、ヨーロッパ社会では大量の魔女狩りが行われました。

つまり、キリスト教の伝統にのっとって生活できないような変わった人が迫害にあったり、何らかの理由で妬《ねた》まれた人が魔女と決めつけられたのです。『魔女の宅急便』に出てくるキキも、ある意味でそうした一般的な魔女のイメージとして描かれています。

もちろん、この作品自体はほのぼのとしたアニメですから、そこまでストレートに魔女狩りが描写されているわけではありませんが、ホウキに乗って空を飛ぶキキが特別視されているのは事実です。

黒い服を着てホウキを持ち、黒猫を連れているキキは、その典型的な魔女のイメージをからかわれます。本人は普通の女の子のつもりですし、普通の13歳の少女として恋も遊びも楽しみたいのに、魔女であるがゆえに特別視されるのです。

そうして時に孤独を感じたり、いらだちを覚えたりします。でも、魔女というアイデンティティしかないキキには、いや正確にいうと魔女として空を飛ぶことしか取り柄のないキキには、普通であることは許されないのです。

キキの住む世界では、13歳になったら魔女修行に出るという伝統があります。1年間知らない町で自活して、一人前の魔女になる訓練をするのです。なんとも厳しいイニシエーション（通過儀礼）ですが、仕方ありません。本人もそれを受け入れているのですから。

ただ、そんな古い伝統にだけ従っていればいいかというと、そうではないのです。キキが大変なのは、時代に合わせて変わっていかなければならない点です。時代の変化が大きくなかった頃は、特に苦しむことはなかったのでしょう。

今はそんな牧歌的《ぼっかてき》な時代と違って、魔女も変わる必要があります。空を飛ぶときだって、森に住んでいるときなら必要のない交通ルールも守らなければならないのです。カラスももはや召使いではない……。そんな新しい時代の新しい生活の中で、キキは悪戦苦闘するのです。

そしてキキが悪戦苦闘しなければならないのは、外の世界における変化にとどまりません。自分の内面における変化とも格闘しなければならないのです。魔女修行の本当の意味はここにあります。

一人前の魔女になるためには、強い心を持たなければならないのです。言い換えると、普通であることを許されないという事実を、心の底から受け入れるということです。

それが「魔女の知」です。神様がくれた魔女の知を生かして、スランプを乗り越え、薄れゆく魔法の力を取り戻し、強く生きていく。それができるようになったときはじめて、キキは居場所を見つけることができます。

それは新しい町での自分の居場所であり、同時に人間社会における魔女としての居場所でもあるのです。

A ある一つの答え

「魔女」とは、普通であることを許されない存在

「宅配便」とはなにか？

考えるためのヒント

キキはなぜ、宅配便を仕事にしたのか？

宅配便と聞くとどんな印象を持つでしょうか？　大変そう？　それは配達する側のイメージですね。楽しみ？　それは受け取る側のイメージですね。

インターネットでの通信販売が主流になりつつある今、宅配便は日常に欠かすことのできないものになっています。特に私の場合、田舎に住んでいてかつ頻繁に本を買うので、毎日のように宅配便の箱が届きます。

知らない町で自活しなければならないキキは、唯一の特技を生かして空飛ぶ宅配便を始めます。たしかに空を飛ぶなんてことは普通はできないので、こんなにすごい宅配便はありません。ただし、今はドローンが進化していますから、キキほどかわいくはありませんが、いずれ空飛ぶ宅配便が増えていくでしょう。

なぜ空を飛ぶのがいいかというと、交通事情に左右されないからです。車だと渋滞に巻き込まれたらおしまいです。届けるのが遅れてしまうのです。モノを送る人にとっても、受け取る人にとっても、それぞれ決まった日時があります。

送る人なら誕生日に間に合わせたいとか、受け取る人なら家にいる時間帯を希望するでしょう。しかしそれは簡単なことではありません。キキも風に飛ばされたり、カラスに襲われたり、雨に打たれたり、散々な目にあいながら悪戦苦闘していました。

宅配便はまさに時間との戦いなのです。そして時間通りに届けることができれば喜ばれ、そうでなかったら叱られます。だからでしょうか、キキも「仕事だもん。楽しいことばかりじゃないわ」といっていました。私たちも宅配便の到着が遅れるとついイライラしがちですが、寛大な気持ちにならないとだめですよね。

それにしても、その大変な中、彼女が空飛ぶ宅配便を続けるのはなぜか？　それしか取り柄がないから? 彼女はそう思っていますが、決してそんなことはないでしょう。キキは単にモノを届けるだけでなく、送る人の気持ちも届けています。それが相手を喜ばせ、またキキ自身を喜ばせているのです。これが理由です。

老婦人の家にニシンのパイを取りに行ったとき、キキは薪《まき》のオーブンに火を熾《おこ》すのを手伝いました。急いではいましたが、孫のためにパイを届けるのをあきらめようとしている老婦人をどうしても放っておけなかったからです。

それはもう宅配便の仕事を超えています。しかし、これこそ彼女の届けたいものであり、宅配便の仕事の本質なのです。そう、気持ちです。

気持ちが届かなければ、宅配便はただの運搬になってしまいます。おそらくそれだと届けるほうもやりがいがないでしょうし、受け取るほうもそんなに嬉しくはないでしょう。

基本的に人にモノを届けてもらうということは、困っている状態なのです。そうでなかったら自分で届けるか、取りに行くかです。忙しかったり、距離があったりで、それができないからこそ人に頼んでいるのです。

だからもともと宅配便は人助けなのです。そうしてみてみると、宅配便の仕事がとても尊いものに思えてきます。

もしかしたら、その贈り物が届いたことで、生きる勇気がわいたという人もいるかもしれません。そんなに大げさではないですが、かくいう私もそうです。都会と違って近くに大きな書店がないため、インターネットで書籍を購入して宅配してもらうよりほかないのです。

毎日のように届けてもらえる本のおかげで、私の創造性は高まり、文章を書く勇気がわいてきます。宅配便に感謝です。

ある一つの答え A

「宅配便」とは、気持ちを届けてくれるもの

「知らない町」とはなにか？

考えるためのヒント

キキが両親に書いた手紙に隠された意味とは？

『魔女の宅急便』の主人公キキは、一人前の魔女になるために知らない町で1年間修行しなければなりません。一人前になるためのイニシエーションは魔女でなくとも経験することです。大学に行くために一人暮らしを始めたり、就職で知らない町に住んだりと。もちろん私も経験があります。

キキは自分で知らない町を選び、そこで暮らすことを決めます。自分の住む町を選べるというのはとても素敵なことです。都会にしようか、田舎にしようか、海の見える場所にしようか、時計台のある町にしようかというふうに、自分の好みに合わせて、まるで服を選ぶかのように選択できるのです。

こうして外観で選ぶと、今度は期待が膨らみます。そしてたいていはすぐに現実とのギャップに苦しむのです。当たり前のことですが、おとぎ話の世界に住むわけではないので、きれいなところばかりではありませんし、不便なことのほうが多いでしょう。新しい生活は、まず物がそろっていないので、それだけでもストレスです。お金もかかります。キキも予想外の出費に思わずこうこぼします。

「暮らすって物入りね……」と。

知り合いもそういないので、助けてももらえません。そう、この「人を知らない」というのが、最大の問題です。町には人が住んでいます。いや、町とは人の住むところです。ですから、町を気に入るかどうかは、本当はそこで出逢う人にかかっているのです。でも、皆、最初はそのことに気づきません。

そこで、町の外観だけに惹かれて行って、最初のうち自分が孤独であることに気づき、急に寂しくなるのです。元の町が恋しくなることもあるでしょう。その極致がホームシックです。

その段階を乗り越えると、町が好きになっていきます。つまり、それは友達ができ、自分の居場所ができたときです。キキの場合は、おソノさんやトンボ、絵描きのウルスラに出逢い、そして空飛ぶ宅配便の仕事がうまく回りだしてはじめて、町のことを好きだといえるようになりました。キキはようやく親に手紙を書きます。「落ち込むこともあるけれど、私この町が好きです」と。

知らない町がやがて自分の町になる。そのためには活動しなければならないのです。走り回り、飛び回り、積極的に友達をつくり、失敗して落ち込みながらも前に進んでいく。それしかありません。

考えてみれば、私たちは皆、知らない町に生まれ、そこで育ち、故郷をつくるのです。生まれてからずっと家の中に引きこもっていたら、いつまでたっても知らない町のままですから。もし自分の住んでいる町を好きになれない人がいたら、ぜひもっと活動してみてください。どの町にも素敵な場所があり、素敵な人たちがいるものです。

それを見つけることができたとき、私たちはもう一つ大切なものを手に入れます。キキも手に入れたように。

そう、それは、自分自身の成長です。知らない町に住むことの意味は、本当はここにあるのかもしれません。特に若いうちに知らない場所に行くときには。

大変なことをたくさん乗り越えて、一から新しい人間関係と居場所を築くことができたとき、人は大きく成長するのです。一人前の大人になれるということです。私たちが知らない町で出逢う一番大切な人は、前よりも大人になった私たち自身なのかもしれません。

A ある一つの答え

「知らない町」とは、大人になった自分に出逢う場所

「ラジオ」とはなにか？

考えるためのヒント

なぜキキの父親は、旅立つ娘にラジオを渡したのか？

ラジオ。いうまでもなく、それは無線によって音声を受信するサービスであり、そのための装置のことです。最近は私自身が日常的にラジオを聴かなくなったせいか、ラジオという響きだけで懐かしいような気がします。

もちろん今もラジオは人気のメディアで、私もラジオ番組に出演することがあります。ラジオは音だけ、声だけで伝えるメディアですから、テレビや動画、あるいは雑誌などとは違って、独特の意味を持ちます。一言でいうと、想像が膨らむのです。

人間は与えられた情報が少なければ少ないほど、それを補うかのように脳が働きます。つまり、想像でその足りない分を補おうとするのです。声の主を想像してみたり、言葉で伝えられたものの姿を想像してみたりと。ラジオの良さはほかにもあります。いつでもどこでも聴ける簡便さです。しかもライブで情報を手に入れることができます。

私も車に乗っているとき、たまにカーラジオをかけることがあります。交通情報や天気予報を知るためです。

キキもラジオで天気予報を聴きながら旅をします。もちろんラジオから得るのは情報だけではありません。人の話や音楽もそうです。一人旅の途中にラジオを聴くと、まるで誰かと旅をしているような楽しい気持ちになってきます。

このように、聴きながらほかのことができるのもラジオの特長です。作業をしながら、あるいは寝ながら。学生時代、深夜ラジオはいつも私の心の友でした。思い悩むことが多い青春期、私にとって深夜ラジオは、悩みにアドバイスを与え、励ますための曲を歌ってくれる親友のような存在だったのです。

真っ暗な部屋で、耳元から流れてくるラジオの声は、私の神経を集中させました。私以外の存在は、そのラジオをおいてほかになかったからです。ボリュームを上げると家族に迷惑がかかるので、小さな音で我慢します。その代わり、音に集中するのです。

それがかえって自分だけの世界をつくるのに奏功しました。本当はその放送を多くの人が聴いているわけですが、あたかもその声の主と自分だけが会話をしているような、そんな気持ちになったのを覚えています。

たしか私のラジオは、小さくて黒い、昔から家にあったものでした。祖父ものだったような気がします。でも、いつの間にか私が使っていたのです。

そのラジオは私のお気に入りでした。ラジオはモノです。音が出ればなんでもいいように思えますが、そこはモノの特性です。愛着を求めてしまうのです。キキのラジオも父親からもらったものです。それもかなり強引に渡されたものの。赤くて小さなラジオは、キキにぴったりです。

もしかしたらキキの父親は、離れて暮らす娘がいつも近くに親のぬくもりを感じられるようにしたかったのかもしれません。

私にとってラジオは親友でしたが、キキにとっては親だったのでしょう。あるいは、別の人にとっては先輩だったり、恩師だったり、憧れの人だったりするかもしれません。

いずれにしてもラジオは、ある時期、私たちの心の支えになるものなのです。ラジオを懐かしく思うのは、ラジオに支えられていたときの自分を思い出すからでしょうか……。

A ある一つの答え

「ラジオ」とは、ある時期、心の支えになるもの

「親」とはなにか？

考えるためのヒント

キキの両親の子育てとは？

親子というのは、不思議な関係です。お互い選んだわけでもないのに、永遠に相思相愛の関係でいられるのですから。もちろん例外もありますが。少なくともキキと彼女の親の関係は相思相愛といっていいでしょう。

その背景には歴史と絆があります。歴史とは子どもがお腹の中にいるときから、ずっと一緒にいるという関係のことです。共に喜びや悲しみを分かち合って生きていくのです。

だからといって、一緒に過ごした時間の長さが重要だといっているわけではありません。大切なのはその関係性によって育まれる絆です。

それは血縁によって育まれるだけでなく、人生の時間と空間を共にすることによっても育まれます。問題は、そうしてずっと一緒にいると、お互いの変化に気づくことができない点です。親も子も人間ですから、成長もしますし、衰えもします。心も体も変化していくのです。そこを理解しないといけません。

たとえば、親が子どもの心配をするのは当然です。でも、子どもはいつまでも親のもとにいるわけではありません。子どもが旅立とうとしたとき、親はふと気づくのです。ああ、もう昔の小さな子どもではないのだと。

高い高いをせがまれたキキのお父さんが、「いつの間にこんなに大きくなったんだろう……」と感慨深げにいったとき、親子はお互いがもう自分が知っているのとは違う存在になっている事実を認識するのです。

そして子どもは旅立ちます。それは親にとって大きな喜びであり、悲しみでもあります。

最愛の子どもが成長した証《あかし》であるという点において、何物にも代えがたい喜びであるのは間違いないでしょう。しかし、その最愛の子どもが自分のもとを離れていくという点においては、身を引き裂かれるような悲しみがわき起こるものです。

中にはその悲しみに耐えられず、子どもをいつまでも自分のもとにとどめておこうとする親もいます。でも、それは親のエゴにすぎないのです。親は皆、自分が子どもだったころのことを忘れるものです。自分も親のもとを離れて旅立ち、冒険したかったにもかかわらず。

心配するのは当たり前ですが、子どもが絶対的な危険にさらされるわけではないはずです。

面白いことに、どこに行っても親代わりになってくれる人はいるものです。キキの場合、新しい町で出逢ったパン屋のおソノさんとそのご主人が、事実上の親代わりになりました。

ですから、親はじっと見守っていればいいのです。元気だという便りだけを楽しみに。

キキの手紙に歓喜する親。それは子どもが自立するプロセスにじっと耐える親だけが味わえるこの上ない喜びなのです。

考えてみれば、親は子どもを持った瞬間から我慢の連続です。親とは我慢を余儀なくされる存在なのかもしれません。

とりわけ子どもが成人した親子は、一度はこのプロセスを経ないことには、親離れも子離れもできません。そのうえで、また一緒に任めばいいのです。

逆にこのプロセスを経ないまま時間がたつと、お互い傷つけあうことになってしまいます。それは親としても子としても自立できないままの二つのエゴが衝突する悲劇を生むだけです。

A　ある一つの答え

「親」とは、我慢を余儀なくされる存在

Story『紅の豚』

呪いをかけられて豚の姿になったマルコ（ポルコ）は、飛《ひ》行艇《こうてい》乗りの腕前を生かして賞金稼ぎをしている。

そこに、昔から彼に思いを寄せるホテル・アドリアーノの経営者ジーナに惚《ほ》れたアメリカ人の用心棒カーチスが現れる。マルコの飛行艇は本調子ではなかったため、運悪くカーチスに撃墜されてしまう。

新しい飛行艇を手にしたマルコは、そこで世話になったフィオという若い女性設計士を賭けて、再度カーチスと一対一の決闘をすることになる。

最後は殴り合いになりながらも、マルコは決闘に勝つ。フィオにキスをされたマルコは、人間の姿に戻り、ジーナと結ばれたかのようにほのめかして物語は終わる。

第5章 『紅の豚』で哲学する

「豚」とはなにか？

考えるためのヒント

マルコが人間に戻れたのはなぜか？

一般に、豚は印象の悪い動物です。姿は醜い、餌《えさ》をむさぼる、汚い。だから『紅の豚』でも豚を悪くいう、あるいは揶揄《やゆ》する表現がたくさん出てきます。「豚に国も法律もねえよ」。これは豚になった人間マルコ自身のセリフですが、あたかも豚がなんでもむさぼることを自虐的にいっているようにも聞こえます。「ファシストになるより豚のほうがましさ」。これもマルコのセリフです。ファシストが最悪だといいたいわけですが、同時に豚がひどいものであることをほのめかしてもいます。

友人のフェラーリンでさえ、こんなふうにいっています。「飛んだところで豚は豚だぜ」だとか、「やつらは豚を裁判にかけるつもりはないぞ」というふうに。私たちが日ごろ豚という言葉を使うときも、たいていネガティブな意味で用いると思います。

そういえば、フィオを乗せたマルコは、「豚に真珠」だとからかわれていましたが、これも私たちが日常よく用いる諺《ことわざ》です。もったいないという意味ですよね。真珠は最高の価値があるものを象徴しているわけですから、豚がいかにその対極にある価値の低いものとして扱われているかがわかると思います。

ところが、なぜか豚は人気なのです。特にキャラクターやマスコットとしては愛されています。実際の豚も、子豚だとかわいがられます。醜いけどかわいい。豚にはそんな二面性があるのです。

でも、豚のことをかっこいいという人はあまりいません。『紅の豚』はそこが斬新《ざんしん》なのです。マルコはどう見てもずんぐりむっくりの醜い豚です。にもかかわらず、かっこいい。

なぜかっこいいかというと、ハードボイルドだからです。バーでクールに振る舞う豚は、そこらへんの人間の男たちよりよっぽどかっこよく見えます。そして実際に女性からもてます。

つまり、問題は外見じゃないということです。中身が大事なのです。どういう行いをするかです。

だからマルコはいうのです。「飛ばねえ豚はただの豚だ」と。

マルコは別にもう勝負などしなくても、楽に生きていけたかもしれません。でも、それでは自分に負けたことになるのです。

豚がなぜ非難されるか。それは欲望に負けてむさぼるからです。少なくともそう認識されています。

でも、外見はいくら豚のように見えても、欲望に打ち勝ち、自分に負けていない人は、ただの豚ではないのです。いや、もはや豚ではないでしょう。英雄です。マルコがそうであるように。

最後にマルコはフィオのキスによって人間に戻ります。明確には描かれていいませんが、おそらく。愛する人にキスされて呪いの魔法が解けたのでしょう。

しかし、本当はそれだけが理由ではなくて、マルコが完全に自分に打ち勝ったからではないでしょうか。

仲間を見捨てて自分だけ生き残ったかのように思い込んできたマルコ。そうして自分自身を苦しめてきた彼は、ついに自分に勝ったのです。だから豚から英雄に戻れたのだと思います。

私たちは誰もが豚になり得ますし、見かけは人間でも心が豚のような人はたくさんいるのだと思います。自分に勝つことができない限り豚のまま。英雄になるか、豚になるかは自分の行動次第です。

ある一つの答え　「豚」とは、自分に負けること

「イタリア」とはなにか？

考えるためのヒント

マルコとカーチスはなにが違うのか？

イタリアという国は、ヨーロッパの中でも、特に古い歴史のある国です。なにしろあのローマ帝国の流れをくんでいるのですから。

さらにルネッサンス期の中心になったのもイタリアです。近代以降は工業化し、様々な分野において高級ブランドを構築してきました。

産業、文化、芸術、思想、いずれをとっても一流という言葉がぴったりの国です。アメリカは世界一の国ですが、イタリアのような洗練された雰囲気を欠いています。

ジーナはアメリカ人であるカーチスに対して、そのことを次のような言葉で表現しました。

「ここではあなたのお国より、人生がもうちょっと複雑なの」と。もちろんアメリカよりもということです。

このジーナの発言に限らず、『紅の豚』では何かとアメリカをからかったような表現が出てきます。

マッチョなイメージのカーチスの存在自体が、それを象徴しています。単純で、マッチョで、一番になりたがる。

そのマッチョに対していうなら、イタリア人は伊達《だて》なのです。つまり、しゃれているということです。

でも、イタリアの本質が伊達なだけかというと、そうではありません。それはマルコたちを見ればわかるのですが、とにかく熱いのです。

そういえばイタリアのあの緑、白、赤のトリコローレ（三色旗）は、それぞれ領土、正義、熱血を意味するといいます。ほかにも解釈があるようですが、少なくともこれらの要素があるのはたしかだと思います。

つまり、単に伊達なだけじゃなくて熱いわけです。その熱さが、時に間違った方向にいってしまうこともあるようです。イタリアはいくつも戦争をしてきましたが、最大の過ちはファシズムでしょう。

イタリアのすべてを戦争に駆り立て、そして破滅させてしまった……。

しかし、その後もイタリアはまた熱くよみがえります。かっこをつけながら。

そのため、日本にもイタリアのファンはたくさんいます。あのかっこよさに憧れるからです。

同じように古い歴史を持ち、同盟を組んでファシズムの失敗も経験し、かっこをつけようとする国。日本とイタリアは本質的な部分が似ているような気がします。

それでも大きく違うのは、かっこよさにかける熱の部分だと思います。日本ではかっこよさに熱は求められませんし、求めようともしないのです。

もっと控えめでさりげないのが、日本のかっこよさです。そもそも日本人は、女性のために一対一の決闘などしません。黙って女性に選ばせて、ついてきてもらえないならさっと身を引く。これが日本的かっこよさです。

女性もそうです。だめならすっと身を引く。もちろん愛しているわけですが。日本の哲学者九鬼《くき》周造《しゅうぞう》が明らかにした粋《いき》の概念は、まさにそういう態度でした。だからこそ、逆にその足りない部分をイタリアに求めているのではないかと思います。マルコにかっこよさを感じるのも、きっとマルコが私たち日本人にないものを持っているからではないでしょうか。

ある一つの答え A

「イタリア」とは、熱い伊達

「赤」とはなにか?

考えるためのヒント

マルコの飛行艇が赤い理由は?

赤は私にとって勝負の色です。大事なときには赤いアイテムを身につけます。そうすると、なぜか闘志がわいてくるのです。

もともと赤という色にはそうした効果があります。赤は血の色だからです。闘牛士が赤い布で牛を挑発するのもそのためです。

私たちの日常生活でも、信号の止まれには赤、サイレンにも赤が使われます。注意喚起には赤なのです。

だから映画ののんびりしたオープニングでも、赤い物体が突然出てくるとハッとします。『紅の豚』で、最初にマルコの乗る赤い飛行艇が登場したとき、思わずハッとするのはそのためです。

このほかにも、『紅の豚』には何度か赤が登場します。赤いリンゴ、赤ワイン、赤いネクタイ、フィオの赤毛、赤い屋根、真っ赤な朝日……。赤は空にも海にも映《は》えるのです。

だからでしょうか、赤はリーダーの色でもあります。政治家が赤のネクタイをするのは、その効果を狙ってのことです。

昔から戦隊もののリーダーは赤と決まっています。ゴレンジャーのアカレンジャー以来。もちろん例外もありますが。でも、私たちの頭の中では、赤はリーダーの色と刷《す》り込まれているのではないでしょうか。英雄であるマルコのテーマカラーが赤に設定されているのもうなずけます。

いかにも燃えているという印象です。赤は標的になりやすい色ですが、それでもあえて目立つことを選ぶ、あるいは燃えていることをアピールする。それが赤の美学です。赤のかっこよさは間違いなくこの部分にあります。

私の世代だと、アカレンジャーもさることながら、なんといっても赤の美学といえばガンダムの赤い彗星《すいせい》、シャア・アズナブルです。シャアは強いけれど孤独で、影のあるダークヒーローでした。

赤いヒーローには2種類あるのです。アカレンジャー型かシャア型か。アカレンジャー型のヒーローは、チームを引っ張る優等生タイプです。わかりやすいリーダーといっていいでしょう。それに対して、シャア型のヒーローは、一匹狼の天才で、常に斜《はす》に構えているのです。どちらかというと、マルコはシャア型です。

でも、最初からそうだったのかというと、多分違うと思います。もともとはアカレンジャー型だったのが、ある事件がきっかけでシャア型になってしまった。でも、赤を捨てていない限り、英雄は英雄なのです。赤の看板を掲げている限りは、自分に自信とプライドがある証拠だからです。それも捨ててしまったら、ただの屑《くず》です。赤は逃げも隠れもしないという潔《いさぎよ》い態度の表れなのです。

私が赤を好むのも、燃えているというよりは覚悟を決めた感じがするからです。

勝負というのは怖いものです。でも、どこかで覚悟をしなければなりません。そんなとき、赤という色が勇気を与えてくれるのです。

どうせ戦うなら、覚悟を決めて赤をまとう。日本の戦国時代でも優秀なサムライたちは「赤備《あかぞな》え」といって、あえて赤の甲冑《かっちゅう》をつけて戦ったといいます。

一般的な発想だと、戦う際は迷彩柄とか地味な色にして、目立たないようにするでしょう。赤だとまるで狙ってくださいといっているようなものですから。にもかかわらず赤をまとうのです。潔さを売りにするサムライにぴったりの色だといえます。

ある一つの答え

「赤」とは、潔さ

「恋」とはなにか？

考えるためのヒント

ジーナはマルコのどこに惹かれているのか？

男と女は恋をします。いや、男同士でも女同士でも。いずれにしても人は恋をするのです。

恋とは何か？　もちろん相手を好きになることでしょう。片思いでも恋です。ただ、飛行艇やワインが好きだというのと、誰かを好きになるというのとは違います。特に恋の場合の「好き」は、特別な意味を持つといっていいでしょう。

それはその人のことを考えただけで胸が張り裂けそうになるとか、その人のことが心配でたまらないとか、離れた瞬間から会いたくなるとか、その人のためならなんでもできるといった気持ちです。

これを一言でいうのは難しいですが、ジーナの表現を借りるなら、「誰かのバカになる」ことではないでしょうか。

ジーナの気持ちをきちんとわかろうとしないマルコ。そんなマルコに、ジーナは嘆きます。女の気持ちは男にはわからない、自分のことを伝言役くらいにしか思っていないと。だからマルコはバカといわれてしまうのです。

でも、これはジーナがマルコに恋をしている証拠なのです。そうでなければ、そんな男などもう放っておけばいいのです。別にマルコにこだわらなくても、ジーナはモテモテなのですから。アドリア海の飛行艇乗りは、みんなジーナに恋をするといわれるほどです。

そのジーナがよりによって豚に恋をしている。どうやら恋するうえで、外見は本質的な要素ではないようです。たしかに美女と野獣、あるいはその反対の組み合わせをよく見かけますよね。

外見は慣れたり、飽きたりするのでしょう。それよりも中身なのです。自分を圧倒的に引き付ける中身。

外見は恋の入り口ですが、あくまで入り口にすぎません。だとしても、自分のことをなおざりにするような相手がどうしていいのでしょうか。

理由は簡単です。だからこそいいのです。恋というのはまったく厄介で複雑な現象です。言い寄ってくれるカーチスのような男ではなく、そっけないマルコのほうがいいのです。ある意味で危なっかしいくらいがいい。そういう危なっかしさに人は賭けるのです。

ジーナはいっていました。「私、今賭けをしてるから」と。マルコが自分のところに来てくれるかどうか賭けているのです。でも、その賭けはいつも裏切られる運命にあります。だからバカといいたくなる。そして、そういっているうちが恋なのです。

『紅の豚』のエンディングでは、その賭けはついに終わったかのように描かれていましたが、実際のところはよくわかりません。私の推測では、おそらく二人は結ばれたのだと思います。

そうすると、先ほどの理屈からすると二人の恋は終わってしまうことになります。

はたしてそうなのか？

ある意味ではイエスです。恋は愛に昇華《しょうか》したのです。

また別の意味ではノーです。つまり、一つ目の賭けが終わって二人が結ばれても、新たな賭けが二人の間に芽生えうるからです。

素敵な恋は永遠に賭け続けることができます。そして「バカ」といい続けることができるのです。たとえ結ばれた後も。青いアドリア海に浮かぶ恋の物語に終わりはないのです。

ある一つの答え

「恋」とは、誰かのバカになること

「勝負」とはなにか？

考えるためのヒント

マルコはなんのために戦うのか？

勝負とは戦うことです。そして文字通り勝ち負けを決めることです。勝ち負けが決まらないこともありますが、それは結果にすぎません。

したがって、いくら勝ち負けが決まっても、戦うプロセスがなければ、それは勝負とはいえないのです。ジャンケンですら、戦うプロセスがあります。そういえば、ジャンケンで真剣勝負をする漫画もありました。

『紅の豚』の勝負はもっと壮大です。なんといっても、飛行艇で勝負をするのですから。戦闘飛行艇でアクロバット飛行をして、撃ち合うのです。

　そのためには当然高度なテクニックが要求されます。テクニックが勝負を決めるといってもいいくらいです。飛行艇の場合、それは操縦テクニックから戦術まで様々です。

　たとえば、裏をかくのも戦術です。最初の空賊との勝負で、マルコはわざと反対の方向に飛んでいって、相手の動きを読みます。そしてやっつけるのです。もちろん勝負に勝つにはそれだけでは足りないわけですが。事前の準備、性能のいい武器、コンディション、ガッツ、勇気、粘り、周囲の応援等、数え上げたらきりがないくらいです。

　中でも一番大事なのは、やはり勝ちたいという強い思いでしょう。その思いが勇気や粘りを生みますから。勝ちたいという動機の主要なものとしては、賞金のため、愛のため、名誉のためなどが挙げられます。

　お金は、たいていの人間を駆り立てます。基本的にマルコは賞金稼ぎです。ですからお金が欲しいのでしょうが、それ以上に勝つことで能力の高さを示したいという気持ちが強いように思います。

映画の中に登場する武器工場の親方にいわせると、戦争で稼ぐ奴は悪党、賞金稼ぎで稼げないのは能無しだそうです。マルコは能無しになりたくなかったのではないでしょうか。

愛のためというのは、男同士の勝負に一番よくある動機です。この場合、単に勝負をつけるというより、相手を拳《こぶし》で打ちのめしてやりたくなるのです。『紅の豚』でも、マルコとカーチスが最後はげんこつでの殴り合いを展開します。フィオだけでなく、おそらくジーナをめぐって。

逆に名誉のための戦いの場合、戦い方にも気を配る必要があります。基本は正々堂々と戦うことです。一対一の勝負がそれを象徴しています。一対一で正々堂々と行われる戦いは感動を呼ぶものです。

カーチスは最初、大物であるマルコに勝てば有名になれると思って戦っていました。これも名誉のためです。

でも本当の名誉とは、有名になるということではなく、戦いっぷりそのものが評価されるということなのだと思います。

マルコとカーチスの最後の空中戦は、まさにそれにふさわしい熱を帯びたものになりました。

勝負とは、いかに戦うかなのです。言い換えると、いかにすべてを出し切れるかです。

お互いが持てるもののすべてを出し切った勝負は、スポーツであれ、決闘であれ、感動を呼びます。結果は二の次です。だから勝負がつかなくても、双方に惜しみない拍手が送られるのです。

ある一つの答え

「勝負」とは、すべてを出し切ること

Story『もののけ姫』

室町時代、森には動物たちが太古のままの大きな姿で生息していた。

その森を切り開いて砂鉄を採ろうとしたエボシ御前《ごぜん》たちによって、鉄砲で撃たれた猪の神獣は、タタリ神となって村を襲う。それを阻止して呪いをかけられたアシタカは、その呪いを解くために旅に出た。

その途中で出逢ったのが山犬に育てられたもののけ姫こと人間の少女サン。

サンは生と死をつかさどるシシ神を守ろうとしてエボシ御前らと戦うが、窮地に陥る。サンを救ったアシタカは、呪いも解け、サンに生きろと呼びかける。

第6章 『もののけ姫』で哲学する

「もののけ」とはなにか？

考えるためのヒント

「生きろ。」に込められたメッセージとは？

もののけとは、「物の怪」と綴《つづ》るように、死霊《しりょう》や妖怪を指す言葉です。したがって、「もののけ姫」とは死霊あるいは妖怪の姫ということになります。

たしかに、もののけ姫こと森の中に生贄《いけにえ》として捨てられた少女サンは、人間の世界から見れば、すでに死んだも同然の存在、死霊です。

そして妖怪のごとく森を徘徊《はいかい》し、人間を襲う。

ただ、それだけを聞くといかにも悪い存在のように思えるかもしれませんが、『もののけ姫』という作品はそのような単純な理解を許しません。

そもそも死霊が死霊になるのには理由があります。それは決して自分自身が悪いわけではなく、死霊を生み出す原因をつくった人間がほかにいるのです。つまり、死霊が悪なのではなく、死霊を生み出した人間が悪なのです。

『もののけ姫』には祟《たた》りという言葉もよく出てきます。祟りとは、怨霊《おんりょう》によって災厄を被ることです。悪行に対する報い。それが祟りです。死霊に悩まされるのは、自業自得なのです。

反対に、死霊のほうは被害者にほかなりません。にもかかわらず、忌《い》み嫌われる。これが恐ろしい外見をしていれば、なんの疑いを持つこともないのですが、もののけ姫ことサンは、美しい少女です。犠牲者としての少女なのです。

だからこそ私たちはもののけ姫に同情し、その行いに赦《ゆる》しを求めます。そして和解が訪れることを望むのです。

人間は過ちを犯す生き物です。自然を破壊したり、動物の命をむやみに奪ったり、ときには人間の命さえも奪ってしまうことがあります。その過ちが死霊を生み出すのです。

過ちを犯せば、報いがあるのは当然ですが、それが正しいかどうかは別の話です。なぜなら、死霊は復讐することで報われるわけではないからです。死霊の復讐はまた新たな死霊を生み出し、無限の怨恨《えんこん》の連鎖がつくり出されるだけです。白猪の乙事主《おっことぬし》は、鉄砲で撃たれてタタリ神となりかけました。シシ神は首を取られて荒ぶる神となります。そして人間は、また新たな苦しみを負うことになるのです。

とするならば、死霊が真の意味で報われるのは、死霊が死霊でなくなること。つまり、和解の日が訪れたときにほかなりません。

もののけという言葉が持つ恐ろしい響きは、そこから目を背《そむ》けようとするから生じるのであって、むしろその根源にある問題に向き合うとき、それは救うべき悲しみとして私たちの眼前に立ち上がってきます。

『もののけ姫』の中でアシタカはサンを救おうとします。そのやさしさと勇気に満ちた手が、もののけの心を開くのです。アシタカがサンに向ける目は、決して憐みの目ではありません。慈悲の目とも違うでしょう。それはただ曇りなき目なのです。純粋に本質を見極めようとする力強い眼差しです。

映画のキャッチコピーは「生きろ。」というものでした。これはアシタカがサンに呼びかけた言葉でもあります。この言葉に込められたメッセージは、どんな困難が待ち受けているかわからないけれども、前向きに対峙《たいじ》していくしかないということなのだと思います。

この世は対立と恨みに満ちています。個人的なものから国家対国家、民族対民族、あるいは人間対自然といった遠大なものまで。

しかし、いずれも解決できないものではないはずです。対立から死霊を生み出し、恐れながら生きていくのか、積極的に和解の道を探っていくのかは、私たち次第です。

ある一つの答え

「もののけ」とは、救うべき悲しみ

「水」とはなにか？

考えるためのヒント

シシ神が「生と死をつかさどる」といわれているゆえんは？

私たちの生活に水は欠かせません。人間とは水に依存して生きている存在だといっても過言ではないでしょう。そもそも私たちの体は、ほとんどが水分で占められています。水がなくなったら人間は死んでしまいます。水は命の源なのです。

『もののけ姫』でも、水はやはり不思議な力を持つものとして描かれています。シシ神の棲《す》む森の湖には、傷を癒す不思議な力があります。呪いのかかったアシタカの腕の発作も、その水につけることで治《おさ》まりましたし、鉄砲で受けた傷さえ消えてしまいました。

そこまで不思議なことはなくても、普通の水だって人間の生命力を回復させます。モロ一族に襲われ瀕死の重傷を負った男も、水を口にして息を吹き返しました。私たちだって夏の猛暑日には、水を一口飲むだけで元気になることがあるものです。

これは水分でできた人間の体に、新しい水分が注入され、ひいてはそれが細胞をより新鮮にするからでしょう。生きている限り、人間には新しい水が必要なのです。

人が水のきれいなところに住む傾向があるのはそのためです。そして水が汚れると違う場所に移り住む。それだと住む場所がなくなってしまうので、最近ようやく水をきれいにするという発想を持つようになりましたが。

また、水には洗い流すという効果もあります。体の汚れや傷口を洗い流すのです。これによって体を清めることができます。それは物理的に外部のばい菌から体を守る役割を果たしています。

さらに、神道では水によって悪いつきものを清めるということもなされます。

水は目に見えない精神的なものも洗い流してくれるという意識があるからです。水は神でもあるのです。

そういえば、万物の根源は水だといった自然哲学者もいました。古代ギリシアのタレスです。万物の根源とまでいえるかどうかはわかりませんが、少なくとも水が生命の根源であるのはたしかです。

宇宙でも、水分があることが生命体が存在するための条件であるとされていますし、地球上の生命も海から誕生しました。

私たち一人ひとりの誕生を見てみても、最初は母親の胎内《たいない》の羊水の中に浮かんでいたのです。羊水に包まれていたといったほうが正確でしょうか。そう、水は私たちを包み込みます。1ミリの隙間もなく。

これは水の特徴の一つです。水は自由に形を変えることができるのです。だから隙間なく人間を包み込むことができるわけです。

しかし、この水が、逆に私たちの命を奪うこともあります。それは水が気管に入った場合です。

水と同時に酸素を必要とする人間は、1ミリの隙間もなく気管や肺を水で埋め尽くされると、命を失ってしまうのです。

その意味では、水は命の源であると同時に、命を奪うものでもあり得ます。人は生きるために水を飲みますが、死ぬためにも飲む。入水《じゅすい》自殺がその例です。

シシ神は森の湖に棲む神であり、生と死をつかさどるといわれています。奇しくもそれは水の二つの側面を象徴しているといっていいでしょう。

もしかしたら、水はすべての始まりであると同時に、すべての終わりであるといえるのかもしれません。

ある一つの答え

「水」とは、すべての始まりと終わり

「腕」とはなにか？

考えるためのヒント

アシタカが腕に呪いをかけられた理由

腕は体の一部です。人間の体は必要なものでできています。どの部分にもちゃんとした役割があるのです。そうでないものは退化していきますから。太古の昔は生えていた濃い体毛も、服を着るようになって消えていきました。その中でも、太古の昔から変わらぬ役割を果たしている部分の一つが腕です。しかもあまり進化していないといえます。

人間はかなり複雑なことを考えるようになってきているので、どんどん脳が大きくなっています。でも、腕は終始一貫して直接ものをつかんだり、道具を使ったりするのに使われてきただけです。

たしかに使う道具は変わってきていますが、基本的には同じことです。道具を使うのが人間の特性ですから、ある意味では腕はその人間の特性を生かすうえで、重要な役割をはたしているということになります。

したがって、腕次第でその人の能力は変わってくるのです。能力を磨くことを「腕を磨く」といったり、能力を上げることを「腕を上げる」というのはそのためです。あるいは有能な部下のことを「右腕」と表現したりもします。腕は能力を左右するものなのです。

アシタカが呪いをかけれたのが腕であったのは、偶然ではないでしょう。アシタカは武術に長《た》けており、弓でタタリ神を射抜きました。その高い能力を持った腕に呪いをかけられたのです。

時にそれは「鬼だ」と恐れられるほどの力を発揮し、もはやアシタカが普通の人間ではないことを象徴しています。

実際、アシタカはその後ますます超人化し、鉄砲で撃たれても死ぬことはありませんでしたし、10人かかって開けるような重い扉を片手で押し開けましたから。では逆に、そんな腕がなくなったらどうなるか？　それはその人にとって能力の喪失を意味するのではないでしょうか。

だからアシタカが放った矢は、ことごとく相手の腕を吹き飛ばしたのです。もう二度と矢を放ち、刀を振り回すことができないように。それは戦士にとって大きな痛手です。

モロが最後の力を振り絞ってエボシ御前に加えた一撃も、彼女の腕を噛《か》みちぎることでした。

命を奪うことができないとすれば、道具を持って戦う人間が一番失って困る腕を奪う。モロは復讐としてあえて腕を奪い去ったのです。

そうなると今度は逆に、腕を奪い去った敵に対する復讐心が芽生えるわけですが、幸いモロは死んでしまいました。だからエボシ御前が、足を奪われた『白《はく》鯨《げい》』のエイハブ船長のように復讐の鬼になってしまうことはありませんでした。むしろ自分のやったことに対する報いと受け止めているくらいです。何しろ神殺しをしようとしたのですから。

もちろん、腕がなくなったからといって、人間は死ぬわけではありません。道具がまったく使えなくなるわけでもないでしょう。

ただ、人間が能力を奪われるということの象徴として、腕が取り上げられているだけです。

宮崎駿がそうしたものとして腕に着目するのは、自ら筆を執《と》って絵を描くアニメーターにとって、それが大事な要素だからなのかもしれません。

ある一つの答え　「腕」とは、能力を左右するもの

「鉄」とはなにか？

考えるためのヒント

森とたたら場の関係は？

古くから鉄は産業の礎《いしずえ》とされてきました。とりわけ日本では、製鉄そのものは弥生時代から行われていた形跡が残っています。

『もののけ姫』には、「たたら場」という製鉄を行う場所が出てきました。たたら製鉄というのは、鞴《ふいご》を踏んで空気を送り込み、火力を強める製法のことです。

エボシ御前は製鉄を産業にすることで女性たちに仕事を与え、病気の人たちを救おうとしていました。もちろん石火矢《いしびや》と呼ばれる鉄砲をつくるという目的があったわけですが。

そのために外部とは様々な軋轢《あつれき》を生んでしまいます。

まず原料は砂鉄なので、山を削り、木を伐《き》らなければなりません。そこで森の主たちと衝突が起こるのです。

製鉄は文明の象徴ですから、文明と自然の衝突が生じてしまうのです。その泥沼の争いを見て、アシタカは「森とたたら場、双方生きる道はないのか？」と問いかけます。

それは現代にも通じる、産業と環境保護の両立を模索する発想にほかなりません。人間には人間の理屈があり、自然界には自然界の理屈があります。

たたら場の仕事はきついものですが、女性たちはそれでも頑張ります。彼女らは下界でひどい仕打ちを受けるよりましだからといっていましたが、決してそれだけではないでしょう。

苦しくとも人間には産業が必要なのです。だから襲われても襲われても自然と対決しようとするのです。

通常は自然の側はものをいうことはありませんが、この物語では、森の主たちが言葉を発し、抵抗をしてきます。

だから余計にやるせなさを感じるのです。いわば人にとって生きる糧《かて》である鉄は、自然にとっては死を招くつぶてなのです。実際、鉄のつぶてである鉄砲の弾は、猪をタタリ神に変え、苦しみを与えました。そうして命を奪ったのです。

残念ながらこの鉄と自然の相克《そうこく》は、今なお続いています。環境破壊もそうですし、命を奪うつぶてもいまだに社会問題となっているのです。鉄は武器になります。ですから人間の命を奪う道具として使われるのです。

アメリカの銃社会ほどではないですが、日本でも銃犯罪はあります。いや、刃物による犯罪も車による事故も、ある意味では鉄の引き起こした悲劇といっていいかもしれません。

鉄は便利な道具として私たちの生活を支える反面、その便利さゆえに人の命を奪う可能性もはらんでいるのです。

鉄はそうやってずっと人間の役に立つと同時に、人間の命を奪い続けてきました。そこには生と死のジレンマを垣間《かいま》見《み》ることができます。人間と鉄の長い歴史は、喜びと悲しみの歴史だといってもいいでしょう。

そう考えると、正直、私には鉄が人間にとっていいものなのかどうかわからなくなってきます。森の主たちの苦しみが、私の頭を悩ませるのです。つぶての秘密を知りたがったアシタカの気持ちがよくわかります。

そして彼はこういいました。「曇りなきまなこで見定め、決める」と。

私もそうするよりほかないと感じています。いいえ、人類全体がそうすべきなのです。

ある一つの答え A
「鉄」とは、生と死のジレンマ

「女性」とはなにか？

考えるためのヒント

なぜ『もののけ姫』では女性が優位なのか？

今世界は女性の時代といっていいほど、女性が活躍しています。国のリーダーにも、ビジネス界のリーダーにも女性が増えているのです。

その点で日本は大変後れているわけですが、少なくとも意識だけはようやく高まりつつあります。

その意味では、もはや女性と男性を区別して論じること自体が、ある種のアナクロニズム（時代錯誤）として非難の対象にされるべきなのかもしれません。

しかし、男女間に生物学的な差異が残る以上、こうした議論はややもするとおかしな結論を導きがちです。「女性も平等にするべきだ」などと、感情的になって形式的な平等を推し進めると、かえって不平を招く結果になることもあります。

大切なのは、いかに論理的に実質的な平等をはかっていけるかでしょう。そのためには、生物学的な差異を無化するためのツールが必要になります。『もののけ姫』でいえば、石火矢がその一つです。

石火矢という腕力に依存しない武器を手にしたことで、女性は男性と同じ戦闘能力を身につけることができるようになったのです。戦《いくさ》の絶えない時代にあって、それは労働能力とイコールといってもいいでしょう。

現代でいえばパソコンでしょうか。パソコンのおかげで、外を飛び回らなければならない必然性が減少し、在宅勤務さえ可能になりました。これによって出産や子育てに起因する女性の不利な点がかなり解消されました。

もっとも、ツールによって男女が実質的に平等になるかというと、本当はそうではないのです。もともと男性は腕力、女性は細やかな気遣いを主な特性にしていたところに、女性がツールを手にすると、女性だけがその潜在力を解き放たれ、万能になってしまうという現象が起こります。だから長い目で見ると、女性のほうがより活躍することになるのです。

『もののけ姫』の世界は、まさにそんな女性優位の近未来を描き出しています。「男は頼りにできない」といい切り、男たちを精神的に支配するエボシ御前、シシ神のいる森を守るモロ一族の母やサンのように。もちろん支配者だけでなく、全体的に女性のほうが元気なのです。

そんな女性たちを見て、アシタカはこういいます。「いい村は女が元気だと聞いています」と。

現代社会も同じなのではないでしょうか。女性が活躍できる国はいい国なのです。逆に男が威張っているような社会はよくありません。

男が威張っているということは、腕力がものをいう社会だということです。つまり、それは暴力が支配する社会ということになります。暴力が支配する社会では争いが尽きません。戦争もあるでしょう。

人々は傷つき、物は壊され、文明は衰退する一方です。こうした事態を避けるには、男が威張らないのが一番です。

　威張れないのではなくて、威張らない。威張れないというのでは、我慢ばかりしていずれ不満がたまってしまいます。そうではなくて、威張らないのです。腕力を無理矢理奪い取るわけにはいきませんから。

　理想はアシタカでしょう。強いのに威張らない。だから彼はほかの男たちと違って女性に人気なのです。いや、男からも好かれるのです。


もちろん、男性だけでなく、女性だって威張る必要はありません。お互いを尊重しながら共に生きる。それだけです。アシタカとサンがそうして生きていくことを決めたように。

ある一つの答え A

「女性」とは、ツールによって万能になる存在

Story『千と千尋の神隠し』

引っ越し先の手前で不思議なトンネルをくぐり、家族と共に神々の世界に足を踏み入れてしまった千尋《ちひろ》。

魔女の湯婆婆《ゆばーば》によって両親は豚にされ、自らも千《せん》と名前を変えられた挙句、風呂屋で働くはめになる。そこで出逢った湯婆婆の手先ハクに助けられながら、精神的に成長していく。

最後はカオナシを連れて銭婆《ぜにーば》に会いに行き、その帰りにハクがかつて自分を助けてくれた川の神であることを知る。

湯婆婆は最後に難題を課すが、千尋は豚の中に両親がいないことを見事に言い当て、父母の呪いが解ける。そうして千尋は何も覚えていない両親と共に元の世界へと戻っていった。

第7章 『千と千尋の神隠し』で哲学する

「神」とはなにか？

考えるためのヒント

なぜ千尋は神隠しにあったのか？

『千と千尋の神隠し』を漢字一文字で表現せよといわれたら、私は間違いなく「神」という漢字を挙げるでしょう。この物語には多くの神様が登場します。そして何よりタイトルにも神がついています。「神隠し」と。

さて、神とは何か？

日本人は日ごろ神を意識することはありません。キリスト教やイスラームの盛んな地域の国民なら、日々祈りを口にし、神を意識して生きているのかもしれませんが、日本はそうではありません。

たしかに神道や仏教がありますが、それを意識しながら生きている人がどれだけいるかは疑問です。ただ、面白いのは、そんな日本人の多くが、無意識に神を感じているという点です。意識はしていないけれども、神を感じて生きている。これがユニークなのです。

たとえば、日本人は食事の前に「いただきます」と手を合わせますが、これはつくってくれた人だけではなく、無意識のうちに神に感謝しているのです。

あるいは、「バチが当たる」とか「お天道様《てんとうさま》が見ている」などといいますが、これもまた無意識のうちに神を感じているからこそ出てくる言葉です。

したがって、ひとたび神の存在を指摘されると、すぐにそれを受け入れる準備ができているのです。

その証拠に、ここに神様がいるといわれれば、容易にそれを信じて手を合わせることができます。旅の途中に出くわした大きな岩、大きな木、山や海でさえ、神様になり得ます。

八百万《やおよろず》の神が棲む世界は、私たちにとって常に潜在的に存在する神々の世界なのです。『千と千尋の神隠し』の主人公千尋とその両親は、そんな神々の世界に迷い込んでしまいました。あたかも神隠しにあったかのごとく。

神の世界の入り口はそう明確ではありません。看板がかかっているわけではありません。

でも、ヒントはあるものです。千尋が転がる石のオブジェを見てそれが何なのか尋ねたとき、母親はこう答えました。「石のほこら、神様のおうちよ」と。

そうしてトンネルをくぐり抜け、様々な神に出会うことになります。彼らは皆、湯婆婆の経営する油屋《ゆや》という湯屋を訪れ、疲れを癒していきます。神様が湯屋で疲れを癒していくというのもなかなか庶民的な話ですが、その神々の姿もまたなんの威厳もない、むしろ滑稽《こっけい》さすら漂《ただよ》うものとして描かれています。

おそらくこれは、私たち日本人が八百万の神に抱いているイメージを反映しているのでしょう。絶対的な力を持った一神教の近寄りがたい存在とは異なり、日本人の神様のイメージはもっと親しみやすいものなのです。それは身の回りにある岩や木と同じ存在なのです。

とはいえ、それらの神は無意味に存在しているわけではありません。山の神には山の神の、川の神には川の神の役割があるのです。

ハクはもともと川の神ニギハヤミコハクヌシでした。そして二度にわたって千尋を救ったのですから、彼女の守護神だったのかもしれません。

神は人や世界を守るために存在しているのです。その目的をはたすためには、時に怒ることもあります。

ただ、それは人間が悪いのです。私たちは、神の怒りを買わないように正しく生きなければならないのです。

その意味で、神とは人間が正しく生きるための導きだといっていいでしょう。千尋が神隠しにあったのも、きっと正しく生きるための導きに違いありません。

ある一つの答え A

「神」とは、正しく生きるための導き

「忘却」とはなにか？

考えるためのヒント

千尋がハクの本当の名前を思い出せた理由

人間は忘れる生き物です。どうして忘れるようにできているのかはわかりませんが、きっとそのほうがいいからなのでしょう。

たしかに、嫌なことを全部覚えていたら、精神衛生上よくありません。生きていれば何かしら嫌な経験をするものです。

胸の張り裂けるような思いをすることもあるでしょう。もし、それがいつまでも消えなかったらどうなるか。

『千と千尋の神隠し』では、千尋の両親は豚になってしまいます。その哀れな姿を見た千尋に対し、ハクはこういって慰めます。「人間だったことは今は忘れている」と。

そうでないと、気が狂ってしまうでしょう。なにしろ豚として生きなければならないのですから。忘れるということは、幸せに生きるための一つの方法なのです。

もちろん忘却をそう簡単にコントロールすることはできません。でも、ほかのことを考えるようにしていれば、少なくとも気はまぎれます。忘却とは記憶の入れ替わりだからです。

だから忘れたいときは、ほかのことに集中し続ければいいのです。忘却には努力が求められるのです。お酒を飲んで忘れようとする人もいますが、そこまで飲むとなるとかなりの量でしょうから、体によくありません。

忘却は必要ではありますが、問題は大事なことも忘れてしまう点です。その場合、一応記録しておくという手があります。

かつて古代ギリシアの哲学者アリストテレスは、記録は忘却のための技術だとして、それを忘却の術と呼びました。

情報社会では、覚えておくべきことが多いので、記録は欠かせません。記録は忘却への抵抗なのです。千尋が名前を書いた紙をとっておいたように。

とはいえ、すべてをありのままに記録しておくのも大変ですし、それを引き出してきて確認するのも大変な作業になります。

そこで役立つのが、銭婆のこの一言です。

「一度あったことは忘れないものさ、思い出せないだけで」

銭婆のいう通り、起こったことが完全に消えてしまうわけではありませんから、記憶の片隅から引き出すためのきっかけさえ用意しておけばいいのです。

面白いのは、記録していなくても、ふとしたことがきっかけとなって、忘れていたことが記憶の片隅からよみがえってくるケースです。千尋やハクの場合、湯婆婆に名前を奪われ、それを忘れてしまっていました。

名前は、特に日本人にとって個人のアイデンティティにも直結する大事なものですから、それを忘れるということは、アイデンティティの喪失を意味します。

人間が一番忘れてはいけないのは、自分は何者であるかということです。そうでないと、別の誰かに操られるだけの駒のようになってしまうからです。千尋やハクがそうなってしまったように。

でも、二人とも最後には名前を取り戻しました。それはなんとか思い出そうと努力したからでしょう。あきらめさえしなければ、どこかに必ずヒントがあるはずです。そのヒントにめぐりあえるかどうかは自分次第なのです。

結局、何かを忘れるのにも思い出すのにも努力が求められるという点は同じです。人間の頭は常にコントロールが必要なのです。嫌なことを忘れ、大切なことを記憶にとどめながら生きていくために。

ある一つの答え

「忘却」とは、記憶の入れ替わり

「風呂」とはなにか？

考えるためのヒント

舞台は風呂屋でなければならなかった？

なぜ人は風呂に入るのか？

それは汚れを落とすためであり、疲れを癒すためでもあります。そうやって、また明日への活力を再生させるのです。

ですから、通常お風呂は夜に入ります。『千と千尋の神隠し』でも、日が落ちると神々が油屋という名の風呂屋にやってきました。

油屋は八百万の神が汚れを落とし、疲れを癒しに来る場所なのです。クサレ神の入浴はその典型です。

名のある川の神、オクサレ様が、強烈な臭いを放つクサレ神となってやってきましたが、ヘドロのような汚れを落とし、ごみを取り除き、疲れを癒して再生していったのです。

ちなみに、神様が汚れるというのは、物理的に汚くなることだけを指すのではありません。おそらく神々も間違うことがあるのです。

擬人化された神々は、いかにも人間そっくりです。神々はそんな自らの過ちも清めているのでしょう。

したがって風呂は、浄化と癒しによって再生する場所だといっていいと思います。おどおどして頼りない印象だった千尋が、湯屋で働かされて、しっかりした子に再生したのも、そうした風呂の本質の暗喩になっているわけです。

あるいは湯屋と同じ音を持つ油屋という店の名前もまた、油というエネルギーの源を暗喩しているのかもしれません。

しかし、風呂は自然に存在するわけではありません。誰かが用意しなければならないのです。それはボイラー室の釜爺《かまじい》やススワタリ、そしてリンや千尋のような給仕係の労働があってはじめて成り立つものです。いずれも大変な重労働です。逆にいうと、その重労働がなければ風呂を楽しむことはできません。だから風呂に入れることが貴重な体験になるのです。

油屋の手厚いもてなしは、まさに殿様気分を味わえるものです。高級な薬湯の湯船につかり、おいしい食事を楽しむことができる。

私はあまり湯船につかりませんが、たまにつかるときにはすごく贅沢《ぜいたく》なことをしている気持ちになります。

あれだけの大量の水を、ただつかるためだけに使う。しかもそれをエネルギーを使って温かくしているのですから。一日のわずかな時間のために。こんなに贅沢なことはありません。

もっとも、その贅沢を味わったという気分がまた、精神面での再生につながっているのはたしかです。

自然を浪費したという罪の意識が、それを償うための誓いに変わる。具体的には、翌日の労働意欲に変換されるのです。

風呂につかることで勤勉になるのなら、共同体にとってはいいことなのかもしれません。

日本人は総じて勤勉だといいます。時に働きすぎが非難の的になったり、揶揄の対象になったりすることもありますが。このことと風呂文化との相関性が、まったくないとはいえないような気がします。

昔から日本の風呂屋は万人に再生の場を提供してきました。お客様なら誰でも入れる風呂を。クサレ神でもカオナシでも。

現代社会でもそうでしょう。誰でも風呂に入れる社会。それは実は勤勉な人々に支えられた、とても強い社会なのです。皆さん、ゆっくり風呂につかりましょうね。

ある一つの答え

「風呂」とは、再生する場所

「欲望」とはなにか？

考えるためのヒント

なぜカオナシは千を欲しがったのか？

欲望とは厄介な存在です。それがないと人間は成長しないわけですが、逆に欲望のせいで苦しむはめになる。成長することを運命づけられた人間は、ある意味で欲望の塊です。その業《ごう》から逃れることはできません。ただ、欲望を抑えることは可能です。本能としての欲望を抑えるということです。

ドイツの哲学者イマヌエル・カントは、欲望を抑えることができるところに人間の本質があるといいます。それができないのは、人間以外の動物です。豚は欲望に負けて、お腹がすけば人のものでも食べてしまいます。

千尋の親は神様の食事をむさぼり、豚になってしまったのです。もともと彼女の親は欲望の塊のような人たちでした。母親は田舎だと買い物が不便になることを嘆いていましたし、父親は変わった建物があったら入りたい、いい匂いがしたら食べたいというふうに、欲望のままに生きているような人です。

『千と千尋の神隠し』には、人間以外にもそんな欲望の塊のようなキャラクターがたくさん出てきます。守銭奴《しゅせんど》のような湯婆婆、赤ちゃんの欲望そのままの坊《ぼう》、そして金に目がない油屋の従業員たち。極めつけは、なんでも呑《の》み込んでしまうカオナシです。

カオナシは、欲望の象徴といっていいでしょう。なにしろ、一つを手に入れるとまた次が欲しくなり、それがどんどん加速していくのですから。従業員まで呑み込んで、巨大化するカオナシ。彼は、金さえ与えれば、なんでも手に入ると思っています。

ところが、千だけは金になんの興味も示しません。カオナシにとって、それは究極の自己否定なのです。だから荒れ狂います。

千は金が欲しかったのではなく、親を元通りにして、元の世界に戻りたかったのです。金を差し出して詰め寄るカオナシに、千はこういってのけます。「私が欲しいものは、あなたには絶対出せない」と。

たしかに千が欲しかったのは、元の生活ですから、それはカオナシには出すことはできないでしょう。もう少し厳密にいうと、千はただ単に元通りになればそれでいいと思っていたのではなさそうです。

おそらく千自身もはっきりと自覚していたわけではないと思いますが、彼女が本当に欲しかったのは、もっとしっかりとした自分、つまり元の生活以上のものだったのではないでしょうか。

それは自分次第なので、人にはどうすることもできません。ましてやカオナシは欲望の象徴です。千の求めるもっとしっかりとした自分は、まさにそんな欲望を克服した姿にほかならないのです。だから「あなたには絶対出せない」といったのではないでしょうか。

千につきまとってきたカオナシは、千の中に潜む欲望の影でもあり、それと決別するためには激しい痛みと苦しみを伴います。しかし、その痛みと苦しみを乗り越えることができたときはじめて、千はカオナシに別れを告げ、真の意味での成長を遂げることができるのです。欲望によってもたらされた成長は、まだ本当の意味での成長ではないからです。

沼の底から生還した千は、もう前の千とは違っていました。自分の顔を持ち、自分の名前を持った一人の人間になっていました。真実を自分の目で見極めることのできる人間です。居並ぶ豚の中に自分の両親がいないことを見分けることができたのも、そのおかげです。

欲望は自分の中に潜む怪物です。それを飼いならすためには、痛みと苦しみに耐えなければなりません。私たちが『千と千尋の神隠し』から学ぶことのできる大事な教訓の一つです。

ある一つの答え

「欲望」とは、自分の中に潜む怪物

「働く」とはなにか？

考えるためのヒント

仕事を持たない者は動物にされてしまう理由

私たちはなぜ働くのでしょうか？　もちろん生きていくためだと答える人が多いと思います。働くことで対価をもらい、それによって衣食住を満たすのです。生きるというのは、基本的に衣食住を満たすことですから。

聖書に由来する「働かざる者食うべからず」という慣用句がありますが、まさにこのことをストレートに表現したものだといっていいでしょう。

つまり、この世は働くことが前提になっているのです。働けない人は別にして、働けるのに働かない人は、ダメな人というレッテルを貼られるのです。

『千と千尋の神隠し』でも、仕事を持たない者は動物にされてしまうという表現がありました。

でも、仕事の口がなければ、どうしようもありません。そこで、まずは仕事をもらうために全力を尽くす必要があるのです。これが働くということの第一歩です。

おそらくは働いた経験などない千尋にとって、それはとても高いハードルでした。ただ、豚にされてしまった両親を救い出し、元の世界に戻るために、粘り続けたのです。「ここで働かせてください」の一点張りで。

強い意志というのは通じるもので、千尋は無事、職を得ます。これは現代の就活にも役立つ話ではないでしょうか。最後はやはり粘りなのです。

小手先のテクニックや、嘘は役に立ちません。いくら自分を繕《つくろ》っても、すぐにばれてしまうのです。

ですから、もう「ここで働かせてください」とお願いするよりほかないのです。心の底から。

そうして仕事を得たら、今度は懸命に努力する必要が出てきます。手を抜きたくなるのが人のサガですが、それでは信用を勝ち得ることはできません。ススワタリも倒れれば助けてもらえると思って手を抜きますが、そうは問屋が卸さないのです。

どんな仕事も楽ではありません。したがって、それをやり続けるためには、衣食住以外のもっと大きな何かが求められます。それは生きることの意味とも関係してきます。

先ほど生きていくことは衣食住を満たすことだと書きましたが、決してそれだけではないはずです。いくら衣食住が満たされていても、漫然と時間を過ごすだけでは生きた心地はしないでしょう。

生きていくうえで私たちの心を支えるのは、誇りではないでしょうか。自分もやれる、人の役に立てるという確信を持つことで、人としての、共同体の成員としての誇りを持つことができるのです。

そのためには達成感を得ることが大事です。千尋の場合は、クサレ神が来たときに体を張って対応できたことで、湯婆婆からも褒められ、自信を得ます。

そうして誇りを手にするのです。その後の千尋は、見違えるように自分というものを持ち始めます。働くということの本当の意義は、この部分にあるように思います。人のために働くわけですが、それは自分のためでもある。働くことで人としての誇りを手にすることができるからです。

ブラック企業のような油屋が、なぜか必要な場所に見えてしまうのは、きっとそこで働く人に誇りを与えているからではないでしょうか。

逆にいうと、誇りも感じられないような職場は本当にブラックなのです。そんなところはさっさと辞めたほうがいいでしょうが、そうでない限りは、つらくても耐えたほうがいいのです。ハクが千尋にそうアドバイスしたように。

ある一つの答え

「働く」とは、誇りを手にすること

Story『ハウルの動く城』

魔法使いのハウルと出逢ったことで、荒れ地の魔女に呪いをかけられてしまったソフィー。彼女は老婆にされてしまったために、町から逃げ出そうとする。

その道中で動く城に住むハウルに再会する。城の中にはハウルと契約を交わしたという炎、カルシファーも住んでいた。戦うことから逃げてばかりいたハウルは、ソフィーに出逢って心を改め、戦争を終わらせるために魔法を使うようになる。戦いで傷ついたハウルを救うために、ソフィーは城を止めることを決心する。

もともとは流れ星だったカルシファーを城から解放し、代わりにカルシファーから心臓を返してもらったハウルは復活する。

そしてハウルとソフィーは一緒に生きることを決意した。

第8章 『ハウルの動く城』で哲学する

「城」とはなにか？

考える ための ヒント

「動く城」はなんの象徴だったのか？

洋の東西を問わず、城というものは基本的に同じような意味を持っています。

つまり、偉い人の住居兼軍事施設で、それゆえにいかめしい外観を備えているのです。偉い人が住むということは、その権勢を誇るために必然的に豪華絢爛《けんらん》な建物になります。

ところが『ハウルの動く城』に出てくるハウルの城は、ソフィーに「これでお城なの？」といわれてしまうくらいボロボロで、お城らしくないイメージなのです。もちろん動くという部分も城らしくないわけですが。

城は軍事施設であることから、戦いに備えた工夫がしてあります。その一つが丈夫でどっしりと構えているという要素です。大砲を撃たれてもちょっとやそっとではびくともしない頑丈さです。

その点で、城が動くという発想そのものが、どっしり構えているはずの城の概念を覆すものだといっていいでしょう。

それとは対照的に、サリマンのいる国王の宮殿は絵に描いたような豪華な建物で、ハウルの城がいかに城の概念からかけ離れているかよくわかります。

ただ、豪華であろうとボロであろうと、城には不可欠なもう一つの要素があって、それだけはハウルの城も満たしているといえます。

それは、謎めいた雰囲気です。城には、何か秘密が隠されているかのようなミステリアスな雰囲気がつきものです。このひっそりと謎が佇んでいるかのような場所である点が魅力なのです。古い城になると、そのせいで幽霊が出そうな雰囲気が漂ってきます。隠し部屋や牢屋があるからかもしれません。

ハウルの城もミステリアスなのですが、入ってみるとあまりにガラクタがあふれていて、ソフィーは思わずこういってしまいます。「お城ったって中から見るとガラクタの寄せ集めね」と。

そこでソフィーは掃除を買って出て、城の中をどんどんきれいにしていきます。それはいわば城の謎を解いていくというメタファー（暗喩）なのです。そうしてハウルの城は全貌を暴かれていきます。主《あるじ》の正体も含めて。

そう、城には主がいます。しかも通常は偉い人です。城主ですから、その地域の支配者か貴族か、少なくともお金持ちでしょう。

でも、ハウルはただの魔法使いです。王子でさえありません。では、なぜ普通の人間が城に住むのか？　それは城のもう一つの意味に関係しているように思います。

城には「自分の城に閉じこもる」という表現があるように、他者が入ってこられない領域という意味があるのです。この意味での城もまた、謎という形容があてはまります。

ハウルはどちらかというと、自分の城に閉じこもるタイプの城主といっていいでしょう。本人もこれまで逃げ回ってきたと告白しています。戦争の時代にあって、魔法使いであるハウルもそこに何らかの形で加担することを求められてきたわけですが、戦うことから逃げてきたのです。

動く城も逃げるという行為の象徴といえます。戦う城は逃げも隠れもしませんから。実際、ハウルは時に引きこもりのようになってしまいます。

しかし、ソフィーに出逢い、守るべきものを見つけたハウルは、もう逃げないことにしました。それは動く城の死を意味していました。どんな城も落城します。動く城もついには崩壊してしまったのです。

城を失ったハウルは、代わりに平和と愛を手にしました。城が軍事施設である以上、平和が訪れれば、もう城である必要はありません。普通の家になればいいのです。家族が団らんし、喜びと笑いの絶えない家に。

ある一つの答え

「城」とは、謎の佇む場所

「帽子」とはなにか？

考えるためのヒント

ソフィーがかぶっていた帽子に隠された意味

帽子とは頭にかぶる衣類です。上着は上半身に、ズボンやスカートは下半身に身につけるものと決まっているように、帽子は頭に身につけるのです。したがって、それを身につける理由も服と同じです。体を外敵から守ったり、温度調節をしたり、そしてもちろんファッションとして着飾るためです。

帽子の場合、特にその人の身分を表すために身につけることもあります。何しろ頭にかぶっているわけですから、目立ちます。パッと見て身分を判断するには、帽子が最適なのです。

荒れ地の魔女の大きな帽子やソフィーの継母《ままはは》のゴージャスな帽子は、お金持ちらしく見えますし、カブの帽子は彼が紳士であることをほのめかしています。逆にいうと、帽子一つで人は違って見えるものです。帽子とは人の見た目を象徴するものにほかなりません。その人が、別の人の目にどう映るかです。

ソフィーは帽子を縫うのが仕事ですが、彼女が魔法のせいで若く見えたり年老いて見えたりするキャラクターであるのは、帽子の本質と重なっていて興味深いものがあります。

彼女の姿は若くてきれいなときと老婆になったときとではまったく異なりますが、かぶっている帽子は同じです。つまり、帽子によって、彼女の本質が変わっていないことを表しているのではないでしょうか。

私が好きなのは、制服の帽子です。私の高校には学帽がありました。はじめてその学帽をかぶったのは、まだ入学前でした。でも、特に入りたかった高校だったので、自分もその一員として認めてもらったような気がして、気分が高揚したのを覚えています。

帽子にはメンバーシップを表す効果があるのです。野球部の帽子もそうですよね。しかも球場に入るときや試合前後に帽子をとるあの姿が素敵です。すがすがしさと、神聖さと、真摯《しんし》さを感じます。

帽子はわざわざかぶるものですが、それをかぶっているときと同じくらい、あえて帽子をとるという動作にも意味があるのです。つまり、自分の肩書を外すということですから、敬意を表すことになるのです。

だから普通は神聖な場所に入るときは帽子をとります。普通の建物に入るときでさえ、礼儀としてとります。あるいは、挨拶をするときや、敬意を表するときなど。この帽子のオンオフが、人間のマナーを際立たせるのです。

敬意を表して帽子をとる姿に感動を覚えるのは、その敬意に着目するからです。野球場に入る野球部員が帽子をとる姿が素敵なのもそうした理由からです。高校野球の選手たちが、球場に敬意を表しているというのは、それだけで感動です。感服することを意味する脱帽という表現がありますが、脱帽する姿にこちらが脱帽してしまうのです。

帽子の本質は見た目だといいましたが、それは帽子の扱い方すべてを含むわけです。どんなふうにかぶるかで、その人の態度がわかったりします。大学帽だと斜めにかぶると何かに反抗していることがよくわかりますし、キャップを深々とかぶっている人は他者とのコミュニケーションを避けている態度がよく表れています。

帽子を丁重に扱う人はマナーがよくモラルの高い人でしょうし、帽子を適切に扱う人は社会のルールや人間関係をきちんとしたい人なのでしょう。帽子は目立つ存在です。人からどう見られているかということを、常に気にしたほうがよさそうです。その意味では、帽子で変装するというのは矛盾しているのかもしれませんね。なにしろハウルのように魔法で王様に変身していたってばれるのですから……。

ある一つの答え

「帽子」とは、人の見た目の象徴

「動く」とはなにか？

考えるためのヒント

なぜソフィーは老婆に変えられたのか？

動くというのは物事にとって必然ともいっていい性質だと思います。生き物は動きますし、乗り物も動く。一見止まっているように見えるものも、長いスパンでとらえると動いているのです。

たとえば、鉄の塊を置いておけば、いずれは錆《さ》び始めます。つまり何かが動いているからそうなるのです。実に面白いと思いませんか？

動くとは、物事が変化することにほかなりません。変化は人を刺激します。特にそれが意外な動きであればあるほど。

『ハウルの動く城』では、なんと城が動きます。通常、城はどっしりと構えて動かないものですから、まずそれが動くことに驚きを覚えるのです。

しかもハウルの城は細い足で、まるで年老いた動物のように不安定な感じで歩きます。この危なっかしい動きが、城が動くという意外性を際立たせています。いかにも動いているという感じなのです。

この作品には、ほかにも動くものがたくさん出てきます。魔法をかけられ、落ち着きなく動き回るソフィー。彼女の場合、ハウルへの思いも揺れ動き、魔法のせいで年齢まで動いています。カブもかかしのくせに動きます。カブの場合はぴょんぴょんと飛び跳ねていました。

そう、動き方にも色々あるのです。人間に限っていうと、若いうちは素早く動きますが、年をとってくると動きが鈍くなります。魔法をかけられたソフィーはそれを実感します。荒れ地の魔女の場合は、逆に魔法が解けたせいで、本来の年齢に戻ってしまい、動きが鈍くなりました。

動きはその人の性質を表しているのです。その典型が戦うか逃げるかという動きの違いです。戦うために前に進む人は、勇気のある頼れる人です。反対に逃げるために後ろに退《ひ》く人、あるいは動こうとしない人は、意気地《いくじ》のない引きこもりです。ハウルは最初、後者の引きこもりのような存在でした。

ところが、ソフィーに出逢って変わります。守るべき者のために、戦うことを決めたからです。これが、人が動くときです。

このようにいい方向に変わるのならいいのですが、困ったことに人は悪いほうにも変わってしまいます。動いていた人が動かなくなったり、動きが鈍くなったりすることがあるのです。決して年をとったわけではないのに。

これはある程度仕方ありません。人の心は変わるものですから。カブがこういっていました。「心変わりは人の世の常と申しますから」と。

カブは恋愛についていったのですが、何事にもあてはまると思います。心は動くものと認識しておいたほうがいいでしょう。そのほうが、ショックが少ないからです。

この世に動かない物なんてないのです。『ハウルの動く城』をご覧になった方はもう大丈夫かと思いますが。城がガタガタ動くのを見たわけですから。

最新の哲学に思弁《しべん》的実在論というのがあります。この思想は、物は私たちの認識とはお構いなしに存在していると考えます。

ということは、私たちが動かないと思っている物も、意外な動きをしているかもしれないということです。

ほら、皆さんの目の前にある物、よーく見てみてください。あなたの知らないところで動いているかもしれませんよ!?

ある一つの答え　「動く」とは、物事が変化すること

「魔法」とはなにか？

考えるためのヒント

なぜハウルは落ちぶれてしまったのか？

魔法はおとぎ話によく出てきます。おとぎ話は人々が望むフィクションですから、魔法も人々が望んでいるのだといっていいでしょう。

この世はつまらないことや嫌なことにあふれています。思い通りにいかないことも多いでしょう。

もちろんその反対に楽しいことや素敵なこともたくさんあるわけですが、そんなときは人は満足していますから、その現状を変えたいなどとは思いません。ところが、嫌なことやうまくいかないことがあったときには、それを変えたいと願うものなのです。

自分が魔法を使えればいいのですが、どうもそんなことは起こりそうにない。とすれば、どこかに魔法を使える人がいて、その人に願いをかなえてもらえたらと考えるのは人の常なのです。古今東西どこにでも魔法使いの話があるのは、そうした人間の願望の表れです。魔法とは私たちの無理な願いなのです。

無理な願いであるだけに、もし仮に願いをかなえてもらえたようなときには、その代償を払わねばなりません。代わりに大事なものを失ったり、呪いをかけられたりするのです。魔法はそう都合のいいものではないのです。

現代社会でこそ魔法を信じる人は少数派ですが、中世のヨーロッパなどでは本気で魔法使いを信じていたようです。

『ハウルの動く城』が描く世界も、魔法使いが普通の人々と共存する社会です。彼らは魔法の学校に行って、魔法を習得するのです。そこでは通常の学校と同じく、怖い先生や優秀な生徒がいます。王室付魔法使いのサリマン先生は怖い先生、ハウルは優秀な生徒でした。

しかし、ハウルは自分のためだけに魔法を使うようになってしまい、落ちぶれます。

どうやら魔法はみんなのために使わなければならないという前提があったようです。また、魔法の力が強すぎるのもよくないようです。自分でコントロールできないからだと思われます。

ハウルはそういう色々な問題を抱えていたせいで、悩んでいたのです。ところが、ソフィーに出逢って変わります。

魔法は化学反応に似て、何かと組み合わされることでちょうどいいものになるのかもしれません。よく魔法使いが変な薬を調合しているのもそうした関係でしょうか。

あるいは、このことは魔法や呪いが解けるときを考えればよくわかるかもしれません。カブの魔法は愛する人のキスによって解けました。

つまり、魔法は何かと何かの組み合わせによって力を発揮したり、解けたりするのです。魔法でよく使われるまじないや呪文は、まさに言葉のランダムな組み合わせです。

したがって、日常の世界で、普通に生活を送っている分には魔法は生じません。それが何かの拍子に、ある物事とある物事が組み合わさると、魔法が生じてしまうのです。まるで化学変化のように。

おそらく昔の人は化学の知識がとぼしいので、ランダムな組み合わせの結果生じた化学変化を魔法と勘違いしたか、あえてそう呼んだかしたのでしょう。

そして爆発して痛い目にあったりした。それで呪いだとか大騒ぎしたのです。でも、それもこれも自分が無理な願いをかなえようとした報いなのです。その意味では、現代でも魔法の報いを受ける人は出てくる可能性があります。

くれぐれも強引に無理な願いをかなえようとしないように。努力が一番です。

ある一つの答え

「魔法」とは、無理な願い

「流れ星」とはなにか？

考えるためのヒント

カルシファーは悪魔？流れ星？

流れ星はきれいですが、きれいなだけに不安を感じさせる存在でもあります。その証拠に、昔から流れ星に願い事をするとかなうという言い伝えがあると同時に、流れ星と不吉なこととを結びつける言い伝えが存在します。

天体現象としては、小天体が地球の大気に突入して発光したものですから、なんら不思議なこともないわけですが、めったに起こらないことから、願い事と結び付けられたのでしょう。

不吉なイメージも同じだと思います。これについては、流れ星が隕石《いんせき》として落下して実害をもたらすケースがあるためではないかと推測されます。

『ハウルの動く城』でも、不思議なことが起こるシーンでは流れ星が降る絵が使われていました。サリマンがハウルの正体を見せてやるといって、魔法を使った際です。これはハウルが流れ星を食べて魔法使いになったことと関係しているのでしょう。

ハウルは少年時代、落ちてきた流れ星を受け止め、なんと食べてしまったのです。そして流れ星に生を与えるため、ハウルは自分の心臓と共に火を差し出します。こうして生まれたのがカルシファーです。こうしてハウルとカルシファーの不思議な一体関係が発生してしまったのです。

ここでも前提にされているのは、流れ星が不思議な力を持っているということです。人間はどうしても流れ星に不思議な力を持たせたいようです。そこに願いをたくしたいのでしょう。

面白いのは、流れ星が宇宙からやってくるものである点です。つまり、人は大昔から宇宙には地上とは異なる力が秘められていると信じていたことになります。それは宇宙が未知の存在だったからでしょう。

今でさえ、宇宙のことはほんの数パーセントしかわかっていないといいます。誰も月にさえ行ったことのない時代ならなおさらでしょう。

さらに、どの世界にも天や神を信じる思想が存在したため、流れ星にそうした神性を重ね合わせたことが考えられます。あたかも神のお告げが地上に降りてくるかのようなイメージです。それは幸福をもたらすことも、不幸をもたらすこともあったわけです。

ハウルの食べた流れ星も、きっとそんな神の力と関係していたに違いありません。だから彼の魔法は強すぎたし、特別なものだったのです。

それにしても、流れ星を食べるというのは、なんとも突飛《とっぴ》な発想です。たしかに、不思議なものを見つけたとき、人はそれを自分だけのものにしようとします。

それがすごい力を持っていたとしたら、自分の体内に入れて、自分もすごい存在になりたいと願うのかもしれません。多少グロテスクでも、私たちが滋養強壮《じようきようそう》の効果があるものを口にしたり、プロテインのようなものを摂取するのもそうした理由からです。そう考えると、ハウルのとった行動は実はそう突飛なことではないのかもしれません。

漫画や映画に登場するヒーローたちは、皆、似たような経緯で超人的な力を手に入れています。それに人類は長年不老長寿の薬を求めて、変なものを食べ続けてきました。

今もそうです。強くなりたい人、長生きしたい人は跡を絶ちません。流れ星を食べたという人が現れるのも時間の問題かもしれません。

ある一つの答え

「流れ星」とは、願いをたくすもの

Story『崖の上のポニョ』

5歳の宗介《そうすけ》は、海で半魚人のポニョに出逢う。宗介とポニョは幼いながら恋に落ちた。

しかし、ポニョの父親である元人間のフジモトは、彼女を海に引き戻そうとする。それにもめげずに海を逃げ出したポニョは、宗介のもとへとたどりつく。そのせいで世界は海の底に沈められ、海は太古の昔の状態に戻ってしまった。

世界の命運は、ポニョの母であるグランマンマーレによって、ポニョと宗介の愛に委ねられる。

真実を知ってもなお宗介の意志が揺るがなかったために、世界のほころびは閉じられる。そうしてポニョは、晴れて人間の女の子として宗介のもとにいられるようになるのだった。

第9章 『崖の上のポニョ』で哲学する

「災害」とはなにか？

考えるためのヒント

なぜ津波が美しく描かれているのか？

『崖の上のポニョ』はある意味で恐ろしい映画です。まず、あのギャップ。かわいいポニョと宗介のあまりにも淡い恋が、人々を海に沈めてしまうほどの大災害を引き起こします。そして何より災害そのもののもたらす恐怖。

それまであった日常は、無情にも一気に奪われてしまいます。いや、一気にどころか一瞬にして奪われることさえあります。地震が起き、津波が起こり、人々を容赦なく呑み込むのです。そして時間がたつと、また静けさが戻ってくる。

嵐の前の静けさは不気味だといいますが、嵐の後のあの何事もなかったかのような静けさのほうが、私には不気味に感じられてなりません。

ポニョの世界でも、津波が町を呑み込みます。そしてすべてが海の底に沈んでしまうのです。にもかかわらず、世界は異常なくらい美しく、静かに存在し続けます。

デボン紀の魚が悠々ときれいな水の中を泳ぎ、明るい日差しが射しこむ。本当は、災害の怖さは、この瞬間にはじめて感じられるのではないでしょうか。嵐の最中にじっくり災害の怖さを考えている暇なんてありません。逃げるのでせいいっぱいです。

この映画に限らず、宮崎駿の作品には災害がよく出てきます。ただ、この『崖の上のポニョ』の災害だけは別格です。あの3・11の東日本大震災を彷彿《ほうふつ》させるからです。もちろんこの作品が公開されたのは、それより3年近くも前の話なので、3・11がモチーフになっているわけではありません。

中には3・11の予言だという人もいますが、実際には偶然にすぎないでしょう。日本にはこれまでも何度も大地震や津波がありました。あの東北にさえ。だから何も特別なことではないのです。

災害は日本人にとってあまりに日常的な非日常なのです。つまり、突然起こるものではあるけれども、決して意外なものでも、まったく予測不可能なものでもありません。規模についても想定外などあり得ないのです、本当は。なんでも起こりうるのですから。

私たちはそんな恐怖と共に日常を過ごしているのです。何食わぬ顔をして。そうでなかったら、この国に住み続けることなどできないでしょう。外国の人から、なぜ日本人はこんなに危ないところに住んでいるのかと聞かれることがあります。そんなふうにいわれると、ハッとするのですが、たしかにその通りです。

私たちは日ごろそんなふうに思っていないので、驚くわけです。でも、日ごろ思っていないということは、やはり非日常を日常化しているのに違いありません。だから災害があってもポニョと宗介のように恋愛もするし、あきらめることなく一日も早く日常に戻ろうとするのです。そうしてまた生き続けます。

もちろん何も変わらないわけではありません。災害の前と後とでは、風景がまったく変わってしまいます。昨日までいたはずの人がいなくなり、あったはずの建物が消えている。そんな中で日常を取り戻すのは、口でいうほど簡単ではないでしょう。でも、変化はマイナスのものばかりとは限らないのです。

たとえば技術。災害が起こるたび、人は賢くなります。技術を発展させることで、同じ規模の災害には負けないようにするのです。それから精神。災害が起こるたび、大切なものを失うたび、人は強くなります。

災害の結果をプラスの変化と呼ぶのはあまりに不謹慎かもしれませんが、少なくともそうとらえないと、日常には戻れないように思います。

したがって、生き残った人たちには強くなる使命があるのです。嵐の後、母親のリサのところへと向かうポニョと宗介の冒険は、そんな残された者の宿命を象徴していたといえます。強く生きねばならない。私も、そしてあなたも……。

ある一つの答え

「災害」とは、日常的な非日常

「海」とはなにか？

考えるためのヒント

グランマンマーレとはどんな存在なのか？

海は生命が誕生した場所です。その水が太古の昔からずっと存在しているのです。あれはただの水ではありません。中には無数の生命が存在しているのです。目に見えるものから、見えないものまで。人間が知らないこともまだまだたくさんあります。

だから人間は愚かなことをするのです。海を汚したらどんなことになるか知らずに、いや時には知っているにもかかわらず、有害物質を垂れ流したりします。

生命が海から誕生するというのは、歴史的に1回きりで完結する話ではありません。

今もなお、私たちは日常的に海から生命を得ています。海産物だけでなく、水もそうです。海の水が蒸発して雨になるのですから。

したがって海を汚すことは、自分たち自身を汚すことになるのです。どうもそういう意識が希薄《きはく》であるような気がしてなりません。海は私たちの外側にあるのではなく、私たちの内側にあるのです。

フジモトはいいます。「人間は海から命を奪い取るだけだ」と。

まったくその通りですが、フジモトが間違っているのは、あたかも人間と海が対立するかのように思い込んでいる点です。だからかつて存在した海の時代を人間の時代に対置させ、海の時代をまた復活させようなどと狂信的な発想に至るのです。

海がデボン紀のような状態に戻り、人間社会が海の底に沈んでしまったのは、元はといえばフジモトのせいです。

今や人間は陸地に上がり、海と一体ではなくなってしまいましたが、それでも共生する道を選んだのです。私たちが目指すべき理想はそこにあるはずなのです。
もしそれができないならば、海は容赦なく私たちに牙《きば》をむきます。人を襲う津波も、嵐もすべて人間のせいです。

たしかに地震による津波や海が荒れたりする現象そのものは、自然現象といっていいでしょう。しかし、そこに人間が巻き込まれるのは、海との共生のルールに反した場合がほとんどです。

海辺の低い土地に家を建てたり、荒天時に海に出たりするから事故は起きるのです。晴れた穏やかな日の海ばかりではありません。人間は、常に大きな地震が起きることを想定し、海が荒れ狂うことを想定したうえで、海と付き合っていかなければならないのです。

海はポニョの母親であるグランマンマーレそのものです。とても美しいけれど、とても怖い場所なのです。そこもまた私たちの内側にあるものに似ています。

普段人間は一見穏やかに生活していますが、とても恐ろしいことをしでかす存在です。人間の内側にはそういう一面があるのです。

平気で海から命を奪うことができるのは、そのためです。そうでないと、海から陸に上がって、あっという間にすべての生命の頂点に立つことなどできなかったはずです。

海の穏やかさと怖さという二面性は、そこから誕生した人間の二面性を映す鏡のように思えてなりません。母なる海の姿はまた、その子である人間の姿なのです。

あの輝く海面には、いつも穏やかさと怖さが映っているのです。まるで太古から存在する鏡のように。

ある一つの答え

「海」とは、穏やかさと怖さを映す鏡

「子ども」とはなにか？

考えるためのヒント

ポニョとの出逢いは宗介のなにを変えたのか？

子どもは別の世界に住んでいます。あるいは子どもは別の人種だといったほうがいいかもしれません。だから不思議な出逢いがあるのです。

大人はとても持たないような好奇心のレーダーを張りめぐらせ、何か興味のわくものを見つけたら、すぐ行動に出る。この行動力も大人が見習うべきものです。

人は年をとると、なんでも当たり前だと思ってしまい、興味を示さなくなります。また、仮に面白そうだと思っても、それを行動に移すことまではしないのです。

宗介がポニョと出逢えたのは、子どもならではの好奇心と行動力の賜物《たまもの》です。海に浮かぶ瓶に入った金魚に関心を持ち、それを拾って石で割る大胆さ。それも、けがまでして。

ある意味で、子どもは向こう見ずな無垢《むく》の塊なのです。ポニョにもまたそういう部分があります。だから強引に人間界に飛び出したのです。

フジモトが「いつまでも幼く無垢であればいいものを……」と嘆くシーンがありますが、成長すればただ幼いだけの無垢というわけにはいきません。どうしても向こう見ずな無垢になるのです。だから子どもを育てるのは大変なのです。

しかし、だからといって大人の論理を押し付けるのは問題です。それでは子どもが成長しません。自分で考えて、冒険をして、失敗をする。そのプロセスが、子どもを大人にするのです。

子どものいいところは大人も学ばなければなりませんが、誰もが子どものままだと世の中は大変なことになってしまいます。

子どもには子どもの論理がある。それを尊重する必要があるのです。

たとえば、宗介は「今忙しい」といいます。普通に考えれば忙しいはずなどないのですが、彼にとっては忙しいのです。そこを理解してあげないといけません。

物もそうです。大人にとってどんなガラクタであっても、子どもなりに一生懸命つくったものです。精一杯褒めてあげなければなりません。宗介が金魚の折り紙をデイケアセンターのおばあさんたちにあげて、褒めてもらったように。

しかもこのとき宗介は、金魚を不吉に思ったトキさんにはちゃんと違うものをつくって渡しています。子どもなりにそういうこともちゃんとわかっているのです。やさしさとか思いやりというものを。時に間違うこともありますが、それが大人になる過程なのです。

その大人になる過程で、宗介はポニョに出逢い、一つの使命感に目覚めます。それはポニョを守るということです。

これはとても重要なターニングポイントです。なぜなら、子どもはずっと守られてきた存在なので、どこかで「自分も誰かを守ることができる」ということを学ぶ必要があるのです。

これは別にポニョではなくても、昆虫でもペットでもなんでもいいのです。また子なら異性のお友達かもしれません。

この通過儀礼を経ない限り、子どもはいつまでも人に頼り続けます。

宗介はポニョという守るべき存在に出逢い、大きく成長しました。そして夫が急に帰ってこられなくなったせいで落ち込む母親を勇気づけるまでになるのです。

その瞬間、向こう見ずな無垢が、思慮深い無垢の片鱗《へんりん》をのぞかせていたことはいうまでもありません。

ある一つの答え A 「子ども」とは、向こう見ずな無垢

「初恋」とはなにか？

考えるためのヒント

海に沈んだ町が美しく描かれている理由

皆さんにとって初恋のイメージはどんなものでしょうか？

ワクワクする？　ドキドキする？　それとも甘い？

いずれもその通りなのでしょう。

ただ、私はまず痛いというイメージを挙げたいと思います。なぜなら、何もかもがはじめてなので、衝撃が大きく、人一倍傷つくことが多いからです。

何度か恋愛を経験すると、これ以上深入りすると大変だからやめておこうという加減がわかるのですが、初恋ではそうもいきません。どこまでいっていいか加減がわからないのです。

それは、この世に生まれた赤ちゃんが、はじめて思いっきり空気を吸って、肺を一気に膨らませて以来の体への衝撃であり、痛みなのではないでしょうか。

でも、そのおかげで人は大きく成長できるのです。肺ならまだ膨らませるのに限度がありますが、初恋の場合は無制限です。だから無茶をすることになるのです。

宗介も自分が溺《おぼ》れるのも気にせず、命がけで海の中に入ってポニョを追いかけますし、ポニョはポニョで、あらゆる手段を使ってフジモトのもとを逃げ出し、宗介に会いに行こうとします。

二人には周りのことなんて見えていません。自分がどれだけ傷つくかとか、しっぺ返しを食らうかなど考えてもいないのです。

そう、初恋は相思相愛になると、もう誰にも止められません。世界には自分たち二人しかいないのです。そしてその世界が壊れそうになったときは、二人の愛のために戦うのです。こうなるともう、主人公の人間関係が世界の命運を左右するというセカイ系の物語の典型パターンです。

世界が海の底に沈んだとき、愛し合う宗介とポニョを主人公とするこの作品はセカイ系になったのです。

二人はおもちゃのボートで航海に出て、実際に人助けさえしてしまう。世界の命運は彼らの手に委ねられたのです。実際、物語の設定上もそういうことになっています。

恋の力はすごいものです。手足のないポニョは念力で手足を生やしますし、宗介は相手が魚だろうと半魚人だろうと気にせず愛せるのですから。

でも、本当に初恋がすごいのは、それが純粋なものだということです。恋も2回目以降は比較や計算が入ってきます。前よりはかわいいとか、前よりうまくいったというふうに。

それに対して、初恋の場合は比較対象もなければ経験もないので、とにかく純粋なのです。純粋であることは、物事を美化します。

多少人に迷惑をかけようが、失敗しようが、すべてが美しく映ってしまう。初恋の本質とは、すべてを美化する純粋さにあるといっても過言ではないでしょう。

『崖の上のポニョ』がどんなにカタストロフィー(悲劇的な結末)を描こうと、なぜか美しい風景に見えてしまうのは、そのせいかもしれません。

海に沈んだ町のあの姿。本来であれば地獄絵図です。それがなぜ美しく見えるのか。それは決して美しく描かれているからではなく、初恋のせいなのです。

もちろん風景だけなく、人の姿も美しく見えます。先ほど初恋のイメージは痛いと表現できるといいましたが、その痛みさえも美化してしまうのです。

だから仮に傷ついた経験があるとしても、初恋の思い出はいつまでも美しいままなのです。

ある一つの答え

「初恋」とは、すべてを美化する純粋さ

「人魚」とはなにか？

考えるためのヒント

『崖の上のポニョ』はハッピーエンドなのか？

人魚は実際には存在しません、おそらく。ただ、人魚伝説はどこにもあるようです。一番有名なのはアンデルセンの童話『人魚姫』ではないでしょうか。王子様とのかなわぬ恋を描いた名作です。

人魚は半身が魚ですから、いくら人間に恋をしても、かなわない運命にあるのです。しかし、それでもあきらめきれず、無理をします。そのせいで悲劇を生むことになるのに、相手の愛を信じて突き進むのです。そうして人魚にまつわる多くの物語は、悲劇で終わります。

ここでいう悲劇は様々な形で生じます。人魚にとっての悲劇で済む場合もあれば、世界全体の悲劇に発展することもあります。

『崖の上のポニョ』では、世界全体の悲劇が生じてしまいました。だからトキさんは、人面魚が浜に上がると津波が来ると不吉がったのです。

たしかに人魚には、美しいというイメージと怖くて不気味なイメージとが混在しています。これは冷静に考えればわかることで、いくら上半身が美女でも、下半身が魚というのは、そもそも不気味なのです。

美女だからどうしても目がくらんでしまうのでしょう。もし、怪獣みたいな顔をしていたら、間違いなく不気味なだけです。

つまり、人魚伝説は、海にかかわる男たちの妄想にほかならないのです。男たちは、「もし美女が海辺に現れてくれたらなあ」と想像します。ところがそんなに都合のいいことはないので、下半身は魚である姿を想定するのです。

そしてそれでもなお、その人魚が自分のために命をかけて人間になってやってきてくれるストーリーを妄想します。

ここには二段階の都合のいい妄想が仕掛けられているのです。まずは海に美女が現れるという妄想。次に、その美女が万難を排して自分のところに来てくれるという妄想です。

その意味で、人魚とは男の妄想なのです。

では、妄想の結末はどうなるのか？

アンデルセンの場合は、悲劇に終わりました。だから文学になったのでしょう。これがハッピーエンドなら、エンターテインメントになってしまいます。ディズニー映画の『リトル・マーメード』のように。個人的には、これだとなんだか都合がよすぎて腑《ふ》に落ちません。

『崖の上のポニョ』の場合、宗介が真実を知ってもなお、ポニョへの気持ちが揺るがなければ、二人の恋は実るという話になっています。そしてその通りになります。にもかかわらず私は、それを「いい結末だなあ」と感じるのです。

なぜなら、『崖の上のポニョ』は、一見ハッピーエンドに見えて、そうとは言い切れないからです。

大人として結婚する『リトル・マーメイド』とは異なり、ポニョと宗介はまだ幼い子どもです。宗介は納得してポニョを受け入れますが、あくまで幼稚園児の判断なのです。だからこそ親同士がじっくりと話し合っていたのです。

幼稚園のときに成就した恋が、永遠に続くとは思えません。いつかは悲しい別れがあるはずです。大人であれば、誰もがそう思うはずです。だからとてもハッピーエンドには思えないのです。

そこが、この作品を単なるエンターテインメントではなく、文学にしているゆえんです。人魚の物語には悲劇が似合うのです。

やがて文学の定めとして別れることになる宗介とポニョ。そんな妄想さえ抱かせる『崖の上のポニョ』は、まさに多くの妄想に満ちた人魚姫伝説の名作といえます。

ある一つの答え

「人魚」とは、男の妄想

Story『風立ちぬ』

飛行機のパイロットに憧れるも、近眼のために設計士になることを決めた二郎。彼のもとに美しい少女菜穂子《なおこ》が現れる。

二人は同じ列車に乗っている最中、関東大震災に遭遇する。それがきっかけで、運命の赤い糸で結ばれた二人は、二郎が飛行機の設計士になった後、再び別荘地で出逢う。

菜穂子は結核にかかっていたが、二郎は結婚を決意する。戦火が激しくなる中、理想の飛行機づくりに心血を注ぐ二郎。そしてその姿を病床で見守る菜穂子。

二人は美しくもはかない時間を共にするが、やがて悲しい別れが訪れる。

第10章 『風立ちぬ』で哲学する

「飛行機」とはなにか？

考えるためのヒント

二郎が飛行機を愛した理由

宮崎駿の作品には、必ずといっていいほど飛行機が出てきます。その種類も様々です。そして引退作と決めた『風立ちぬ』では、ずばり飛行機を主題に選んだのです。グローバル化が進み、ますます飛行機に乗る機会は増えていますが、改めてその意味を考えてみたいと思います。

ご存知の通り、飛行機とは、エンジンなどの動力源によって空を飛ぶ翼のついた乗り物のことです。あれだけ重い鉄の塊を空に飛ばすのですから、その形状はち密に計算されます。

航空設計はとても難しいのです。『風立ちぬ』でも、帝大卒の二郎がひたすら計算しているシーンが何度か出てきますが、飛行機は複雑な計算の賜物《たまもの》であるといっても過言ではないでしょう。

もちろん、二郎は計算が好きだから飛行機の設計士になったわけではありません。彼は飛行機自体を愛していたのです。そして飛行機を愛する人間なら誰しも憧れるように、本当は飛行機を操縦したかったのです。それが彼の夢でした。でも、近眼の彼には、その夢をかなえることはできませんでした。

そこで二郎は飛行機の設計士になることに決めたのです。美しい飛行機をつくるために。

サバの骨のような美しい流線型を実現するべく、彼は試行錯誤を繰り返します。ドイツにも視察に行きます。当時技術の進んでいたドイツの、その工業技術の結晶こそ飛行機だったのです。

当然お金もかかります。取り付け金具一つで多くの貧しい子どもたちを救えたのに、国家は飛行機にお金を費やします。戦争をしていたからです。

「貧乏な国が飛行機を持ちたがるのは矛盾」だと、二郎の友人本庄《ほんじょう》は喝破《かっぱ》します。

それでも飛行機の魅力に取り憑《つ》かれた二郎。夢の中で出逢ったイタリア人の飛行機設計士カプローニは、二郎にいいます。「飛行機は美しい夢」なのだと。

たしかに飛行機には夢を感じます。

それはきっと、人間は空を飛ぶことができないからでしょう。だから飛行機に乗って空を飛び、自由に移動することに憧れるのです。あるいは飛行機に乗って知らない国に行くことを夢見るのです。

飛行機はつくる人にも乗る人にも夢を与える乗り物、いわば空飛ぶ夢といっていいのではないでしょうか。しかもその夢は尽きることはありません。

カプローニは、当時爆弾を載せて飛ぶだけだった飛行機に、お客さんを乗せて飛ばすという夢を見ていました。他方二郎は、これまでにない速度で飛ぶ飛行機をつくる夢を見ていました。

今も、より大きく、より速い飛行機をつくろうと、各国の飛行機会社が競っています。個人は飛行機で旅行をしたいとか、自家用飛行機を所有して自分で操縦したいとか、お金持ちになって自家用ジェットで移動したいという夢を持っています。ちなみに私は、アメリカ大統領の専用機エアフォース・ワンに乗ってみたいという夢を持っています。

子どもだって、ピカチュウのラッピング飛行機に乗りたいとか、本物の飛行機でなくても遠くまで飛ぶ紙飛行機をつくりたいとか、かっこいい飛行機の模型をつくりたいという夢を持っているのではないでしょうか。

宮崎駿が自分の作品の中でよく飛行機を描くのは、飛行機が好きだからでしょう。そこで描かれた飛行機を見て、私たちはまた飛行機に憧れ、夢を抱く。

どうやらカプローニのいう美しい夢はずっと覚めることはなさそうです。

ある一つの答え A

「飛行機」とは、空を飛びたいという万人の夢

「戦争」とはなにか？

考えるためのヒント

なぜ二郎は墜落する戦闘機の夢を見るのか？

戦争は知らないうちに始まり、そして何もかもを駆り出し、知らないうちに泥沼化していきます。これが戦争の恐ろしさです。

二郎のつくる飛行機も、いつの間にか戦争のための武器になっているのです。最終的には人さえも武器の一部になりました。

もちろん、二郎も自分の設計する飛行機が、戦争に加担していることは百も承知です。怖いのは、それでも彼はいい飛行機をつくりたいだけだと言い張る点です。

つまり、人は誰しもそうやって自己を正当化しないことには、やっていられなくなる生き物なのです。
自分の仕事が戦争に加担し、自分が殺人の片棒を担いでいるなどと意識し始めると、もう何もできなくなってしまうでしょう。でも、それは許されません。だから正当化するのです。二郎が墜落する戦闘機の夢を見るのは、罪の意識にさいなまれているからではないでしょうか。

とはいえ、いい飛行機をつくりたいというのが本心であることは間違いありません。それは彼の夢だったのですから。

二郎は何度も戦争を忘れようとします。特に軽井沢に滞在していたときの二郎は、恋にも夢中になり、実際に戦争を忘れていたのではないでしょうか。そこで出逢ったドイツ人カストルプは、まさにここは戦争を忘れられる場所だといっていました。

ただ、戦争は忘れてはいけないものです。皆が戦争を忘れてしまった瞬間、戦争はより拡大してしまいます。国も世界も破裂してしまうのです。これもカストルプの表現です。戦争を忘れることこそ、最大の戦争加担といっていいでしょう。

戦争を忘れるというのは、思考停止に陥ることにほかなりません。そうなると もう、後は誰かに従うか、操られるかするのみです。

戦争している国家は、その状態をつくろうと躍起《やっき》になります。特高《とっこう》（特別高等警察）と呼ばれる思想警察を使って、思考停止を強いるのです。拷問までして。二郎のところにも特高が来ました。

思考停止を強いられると、人間は間違ったことも間違っているといえなくなります。いや、わからなくなるのです。戦争が狂気を生み、悲劇を生むのはそのためです。

戦争が非難されるべきなのは、そんな狂気や悲劇のせいで、すべてが奪われてしまうからです。戦争は私たちから、日常を奪い、領土を奪い、夢を奪い、命までも奪ってしまいます。

戦争は国対国の争いですから、その争いに勝利するという至上目的のために、個人は犠牲にならざるを得ない。戦争とは、個人の存在を無化してしまうものなのです。

戦闘機の取り付け金具一つで、路上の子どもたちは救われるのに、そんなことは誰も考えもしません。

二郎は、貧しい子どもたちを不憫《ふびん》に思い、買ったばかりのお菓子をあげようとします。でも、子どもたちは欲しがらないのです。

「欲しがりません勝つまでは」のスローガンのもと、我慢を強いる戦争。でも、勝っても負けても、戦争が続く限り、永遠にお菓子は手に入りません。

日本の子どもたちが今自由にお菓子を手にすることができるのは、戦争に勝ったからでも負けたからでもありません。戦争をやめたからです。

やめない限り、負けてもまた戦います。そして我慢が続くのです。このことだけは忘れずに考え続けなければなりません。

ある一つの答え
「戦争」とは、個人の存在を無化するもの

「タバコ」とはなにか？

考えるためのヒント

なぜ宮崎駿はあえてタバコのシーンを描いたのか？

『風立ちぬ』にはタバコを吸うシーンが数回出てきます。子どもも観ることを想定したアニメであるにもかかわらず、この健康重視の時代にタバコを吸うシーンを描くとはけしからんという批判の声も上がりました。

しかしタバコを吸うことが、明確に体に悪いことであるとされる今の時代と違って、当時はそれが普通だったのだから仕方ありません。それをあえてカットするのは、歴史の歪曲《わいきょく》になってしまうでしょう。

ここでタバコを吸うのが普通なのにというシーンで、あえてお菓子でも食べようものなら、かえって不自然になってしまいます。

それは現実から目を背けることでもありますし、もしアニメにそれを強制するなら表現の自由の侵害にもなるでしょう。

私はタバコを吸ったことがありませんし、はっきりいって嫌いですが、それとこれとは別です。

暴力は絶対だめだからといって、すべてのアニメから暴力シーンを削除したらどうなるか？

子どもは暴力の意味を知る機会を失い、暴力をふるうことに無自覚になってしまうのではないでしょうか。

むしろ映画を観た後で、なぜ二郎はタバコを吸ったのか、そこにはどんな意味があるのかを議論したほうがよほどためになるはずです。

では、なぜ二郎はタバコを吸うのか。宮崎駿は、なぜそんなシーンを描いたのか。

最初にタバコを吸うシーンが出てくるのは、大地震の後、大学で片づけをする学生が一息つく場面です。大変なことがあって根《こん》を詰めたとき、人はリラックスする必要があります。そうでないとストレスがたまって、体によくないからです。

そんなとき、タバコに含まれるニコチンが、鎮静効果を引き起こすのです。いわゆる一服するという状態です。

二郎も集中して仕事をすると、タバコを吸う習性があります。菜穂子が病気であるにもかかわらず、吸うことを我慢できません。昔はたしかに受動喫煙に対する意識が希薄でしたから。悪いとわかっていてもやめられないのがタバコです。

このようにタバコには嗜好性《しこうせい》があるので、習慣になっている人もいます。朝の一服、昼食をとった後の一服、何かをした後の一服と、一日のルーティンの中でタバコを吸うのが節目のようになっているのです。中には物事を考えるときにタバコを吸う人もいます。

あるいは、やけになる象徴としてタバコが描かれることもあります。実際、悪いのはわかっているけれど、イライラするから吸うという人もいます。禁煙していた人が、あまりのストレスに耐え切れず、またタバコを吸うようなケースです。

そんな仕草がかっこいいと感じる人もいます。特に若者は、悪いとわかっていながらルールを破ることにかっこよさを感じることがあるため、こういうタバコの吸い方は一部の若者には憧れになります。アニメの中でタバコを吸うシーンが非難されるのはそうした理由からです。

『風立ちぬ』では、タバコがコミュニケーションのツールとして描かれるシーンも何度か出てきます。友人が「タバコあるか?」と聞き、一緒に吸ったり、別荘地で外国人のカストルプとタバコを交換したり。喫煙所は一番の情報交換場所だという人もいるくらいです。

タバコが体によくないのは周知の事実ですが、いつまでたっても吸う人がいるのは、それによってしか得られないものがあるからなのでしょう。その場合、ある人にとってタバコは、よくないとわかってはいてもなくすことのできない必要悪なのです。

ある一つの答え A

「タバコ」とは、ある人にとっての必要悪

「夢」とはなにか？

考えるためのヒント

二郎はなぜ、飛行機の設計士になれたのか？

夢には大きく分けて二つの意味があります。一つは睡眠中に心が抱く印象、つまり寝ているときに見る想像の世界です。もう一つは、将来の願望や理想です。面白いのは、この二つの夢が相関している点です。寝ているときに見る夢は、心の中にある潜在的な意識が外に現れたものだといわれます。

何かを恐れているから怖い夢を見る、不安があるから不安な夢を見る、わくわくしているから楽しい夢を見る、好きな人がいるから恋愛の夢を見るといった具合に。

そして何か将来に対する願望があるとき、つまり夢を抱いているときは、寝ている最中にその夢を見ることがあるのです。

『風立ちぬ』でも、最初、二郎は飛行機を操縦したいという夢を持っていたので、よくそうした夢を見たのです。飛行機を操縦し、気持ちよく空を飛ぶ夢を。

ところが、近眼でその夢がかなわないかもしれないという不安があったため、時々それが理由で墜落する夢も見るはめになったのです。

墜落がつきものの飛行機という存在に対する根本的不安、とりわけ戦時中はその蓋然性《がいぜんせい》が高くなるのですが、そのせいで二郎はずっと飛行機が墜落する夢を見続けたわけです。

ただ、近眼でも飛行機の設計ならできることを知り、将来の夢をそっちの方向にシフトすると、今度はそれを後押ししてくれるような夢を見始めます。

イタリアの設計技師カプローニに背中を押してもらい、なんと夢の中で将来の夢を決意するわけです。そのカプローニは「夢は便利だ。どこへでも行ける」といっていましたが、まさにその通りで、夢の中では人生も思い通りに進めることができるのです。

二郎がすごいのは、寝ている間に見た夢の通りに、将来の夢も実現させようとするところです。寝ている間の夢と将来の夢のシンクロが起こると、二郎のように寝ている間の夢によって、現実が加速されるといういい効果が生じます。

そのためには、まず将来の夢を持つことでしょう。最初は漠然としたものでいいのです。不安材料があってもなんら問題ありません。二郎もそうだったのですから。

そして、できるだけ現実の世界の中で夢中になることです。少年だった二郎は、兄の辞書を借りて英語の飛行機雑誌を読んでいました。二郎の勤める飛行機の会社でも若いエンジニアたちが、夜、自主研究会で研鑽《けんさん》を積んでいました。

そういう気持ちが、自分の思いを確固《かっこ》たるものにする夢になって現れるのです。そこで勇気や希望やヒントを得ることで、やがて2種類の夢がシンクロしていくわけです。

寝ている間の夢が現実のものとなり、将来の夢が寝ている間に現れる。そうしてエンジンのようになって、夢が人生を切り開いていく。

ここでふと思うのは、そうすると私たちは常に二つの世界を生きているのではないかということです。この現実の世界と夢の世界を。

カプローニはこうもいっていました。「この世は夢」。

もしかしたら、本当にそうなのかもしれません。二つの世界があるのではなく、二つは同じものだということです。日本でも、中世の人々は夢の世界を現実の世界と連続したものとしてとらえていたといいます。

これは決して非科学的で原始的な発想だなどといって一蹴《いっしゅう》できるものではありません。夢は一つなのです。だからこそ、寝ている間の夢と将来の夢がつながったときはじめて、世界の歯車が噛みあい、人生が開けていくのです。

ある一つの答え

「夢」とは、人生を切り開くエンジン

「死」とはなにか?

考えるためのヒント

二郎と菜穂子の死への向き合い方

人間は常に死ととなり合わせだといいます。たしかに死ぬことを運命づけられた人間という存在は、いつかどこかで死ななければなりません。そのときは突然やってくるかもしれない。その意味で、たしかに死ととなり合わせなのです。

たとえば地震。この国では、大きな地震で多くの命が失われるということが繰り返されてきました。『風立ちぬ』でも、関東大震災を思わせる大地震が起き、二郎と菜穂子は死を意識したことでしょう。

しかし、人間はどんなときも生きなければなりません。皮肉にも、この地震が起こる直前、列車で出逢った二人は、こんな言葉を交わしています。「風が立つ、生きようと試みなければならない」。ただしフランス語で。

このフレーズはフランスの有名な詩人ポール・ヴァレリーの詩の一節で、映画のタイトルもおそらくここからきています。

この訳し方自体にも、また訳の解釈にも色々あります。でも、風は人間の手ではどうすることもできないものですから、ある種の運命を暗示しているのは間違いありません。

とすると、どんなことがあっても、生きようと試みなければならないという意味になるのではないでしょうか。

震災、病気、戦争、挫折……すべてを乗り越えて生きる。

この「試みなければならない」というところが大事なのだと思います。つまり、受動的に生きるのではなく、能動的に生きる。

とりわけ死の危機に直面したときには、必死にもがく必要があるのです。そうでないと、死は簡単に私たちを連れていってしまいます。たとえそれが死に病《やまい》であったとしても、もがき続けなければならないのです。

菜穂子は結核にかかっています。しかもその病状はとても重い。必死にもがかないと、死はすぐそこまで迫っているのです。

もがくのは大変なことです。口でいうほど簡単なことではありません。何か強い動機がないと、すぐにくじけてしまうでしょう。

菜穂子の場合、それは愛でした。二郎への愛が、菜穂子を後押ししたのです。高原での孤独な治療にも耐え、また逆に二郎を支えるためにそこから飛び出しもした……。そんな菜穂子には、生が美しく見えるのです。彼女は虹を見てこうつぶやきます。「生きているって素敵ですね」と。

日常の中では、こんなことは思いもしません。死を意識した人間だから気づくことができるのです。そう、死を意識してはじめて、人は生の喜びを知り、その美しさに気づき、生きることの大切さを悟るのです。そして懸命に生きるようになります。

かつてドイツの哲学者ハイデガーが訴えた現存在《ダーザイン》とは、まさにそういう人間存在のあり方にほかなりません。

「私たちには時間がありません。覚悟しています」。菜穂子の死を意識した二郎は、そういって一瞬一瞬を懸命に生きることを決めます。死によって、私たちは生の意味を明確に知るのです。

皮肉にも、死こそが生の定義なのです。人生の本当の意味は、死ぬ間際までわからないという人がいます。きっとそうなのでしょう。

私たちにできるのは、最後の最後まで生きようと試みることだけなのです。

ある一つの答え

「死」とは、生の定義

おわりに――何度でも書きたい本

本を書いていて、こんなに楽しかったことはありません。なぜなら、ジブリアニメを観ながら書くことができたからです。観ては書きの繰り返しです。

もちろん途中で考えるというプロセスがあるわけですが、「はじめに」でも紹介したように、本書はアニメ哲学という新しいコンセプトの試みですから、観ながら同時に考えています。いや、感じているといったほうがしっくりくるでしょうか。

いつもならもう一度同じ本を書けといわれたら躊躇《ちゅうちょ》しますが、今回ばかりは何度でもできそうです。しかも、毎回違うことが書けそうな気がします。

宮崎監督の作品はそれだけ奥が深いということです。それに私たちも日々成長したり、変化したりしていますから、同じ作品を観ても感じるものが変わってくるのです。

そんなジブリアニメのエッセンスを哲学した本書からもまた、読むたびに新しい何かを得ていただけると望外の幸せです。

さて、本書を執筆するにあたっては、多くの方にお世話になりました。とりわけ企画の段階から出版に至るまでサポートしていただいたPHP研究所文庫出版部の北村淳子さんには、この場をお借りしてお礼を申し上げたいと思います。そして最後に、本書をお読みいただいたすべての方に感謝いたします。

平成29年6月

小川仁志

著者紹介
小川仁志（おがわ　ひとし）
1970年、京都府生まれ。京都大学法学部卒、名古屋市立大学大学院博士後期課程修了。博士（人間文化）。哲学者。山口大学国際総合科学部教授。徳山工業高等専門学校准教授、米プリンストン大学客員研究員などを歴任。
商社マン、フリーター、公務員を経た異色の哲学者。商店街で「哲学カフェ」を主宰するなど、市民のための哲学を実践している。専門は欧米の政治哲学及び公共哲学。
主な著書に『ポジティブ哲学！　三大幸福論で幸せになる』（清流出版）、『まんがで身につく幸福論　仕事と人生を豊かにするアランの言葉』（あさ出版）、『世界のエリートが学んでいる教養としての哲学』『世界のエリートが学んでいる教養としての日本哲学』（以上、ＰＨＰエディターズ・グループ）、『朝３分間のデカルト』『７日間で突然頭がよくなる本』『すっきりわかる！　超訳「哲学用語」事典』（以上、ＰＨＰ文庫）など多数。

本書は、書き下ろし作品です。

本文デザイン—— 岡田恵子
イラスト———— 浮雲宇一

PHP文庫 ジブリアニメで哲学する
世界の見方が変わるヒント

2017年7月18日 第1版第1刷
2024年12月24日 第1版第21刷

著 者 小川仁志
発行者 永田貴之
発行所 株式会社PHP研究所
東京本部 〒135-8137 江東区豊洲5-6-52
ビジネス・教養出版部 ☎03-3520-9617(編集)
普及部 ☎03-3520-9630(販売)
京都本部 〒601-8411 京都市南区西九条北ノ内町11
PHP INTERFACE https://www.php.co.jp/
組 版 有限会社エヴリ・シンク
印刷所
製本所 TOPPANクロレ株式会社

ISBN978-4-569-76731-4

PHP文庫

7日間で突然頭がよくなる本

小川仁志 著

頭がよいとは「物事の本質をつかめる」ということ。落ちこぼれを京大→哲学者にしたとっておきの思考術、「哲学という魔法」を大公開！